الإهـــداء

إلى مصباح هداتي كلما عظمت بي الدروب .. والدي .. ووالدتي.

إلى الذين هم أقرب إلي من نفسي أولادي، رشيد، فرح، يوسف، ورغد.

إلى إشراقة الأمل ورمز الصفاء ، زوجتي .

إلى الذين مابخلوا يوما بجهدهم ، وبذلوا كل ما في وسعهم من أجلي ، إخواني وأخواتي جميعا.

إلى كل الذين يقدمون الحقيقة ويشيدون معبـدها ، ويقتلـون عنـد محرابهـا، المعلمين .

إليهم جميعا أهدي هذا العمل المتواضع.

الفصل الأول

مهارات التحدث والكتابة

المقدمة

اللغة ظاهرة اجتماعية ثقافية مكتسبة، غرضها التواصل والتفاهم بين بني البشر، وهي وسيلة الإنسان للتعبير عن حاجاته وأغراضه وفكره، ووسيلته لحفظ تراثه ونقله من جيل إلى جيل؛ لذلك تعنى كل أمة من الأمم بلغتها وتعمل على رقيها، وتحشد كل الجهود من أجل تعلمها وتعليمها لأبنائها .

ومن هنا عدت اللغة مزية إنسانية خالصة، وظاهرة اجتماعية وهذا ما عناه ابن جني بقوله: " اللغة أصوات يعبر بها كل قوم عن أغراضهم " (ابن جني،1952،ص133). والوظيفة الرئيسة للغة هي الاتصال والتعبير، وأن الفرد في عملية الاتصال يكون ضمن واحد من المواقف الأربعة الآتية: متحدثا ،أو مستمعا، أو قارئا، أو كاتبا. وهذه المواقف تتطلب من الفرد أن يكون ملما على نحو كاف بمهارات كل فن حتى يكون الاتصال ناجحا (البجة، 2001). وإذا لم يكن الفرد على دراية بدقائق اللغة واستعمالاتها، ولم تتوافر لديه القدرة على إدراك العلاقات المختلفة فإنه يعز عليه الفهم، وبالنتيجة يتوقف الاتصال (خاطر وزملاؤه،1986).

إن الهدف الأساس لتعليم اللغة العربية هو إكساب المتعلم القدرة على الاتصال اللغوي الواضح السليم ، سواء أكان هذا الاتصال شفويا أم كتابيا ، وكل محاولة لتدريس اللغة العربية يجب أن تؤدي إلى تحقيق هذا الهدف ،والاتصال اللغوي لا يتعدى أن يكون بين متكلم ومستمع، أوبين كاتب وقارئ، وعلى هذا الأساس فإن للغة فنونا أربعة هي: الاستماع ، والكلام، والقراءة، والكتابة .

وهذه الفنون الأربعة هي أركان الاتصال اللغوي،وهي متصلة ببعضها تمام الاتصال، وكل منها يؤثر ويتأثر بالفنون الأخرى ،والقارئ الجيد هو بالضرورة متحدث جيد وكاتب جيد، والكاتب الجيد لا بد أن يكون مستمعا جيدا وقارئا جيدا (مدكور،2000).

والمتأمل في المهارات اللغوية أو كما أطلق عليها مهارات الاتصال الأربع (الاستماع ، الكلام ، القراءة ، الكتابة) وعلاقة بعضها ببعض ، يجد أن هذه العلاقة تكاملية، فمهارات الاتصال هي قدرة الفرد على تكييف القواعد اللغوية واستخدامها من أجل أداء وظائف اتصالية معينة بطرائق مناسبة لمواقف معينة، والمقصود بالقواعد اللغوية هنا ليس هو النحو فقط، مع أهميته في الأداء اللغوي ، ولكن المقصود بذلك نظام اللغة بشكل عام، أو مختلف أنظمتها(صوتية ، وصرفية ، ونحوية ، ومفرداتية ، ودلالية). فالمهارات الاتصالية إذن ليست مجرد أداء لغوي يصدر بأية طريقة كانت، أو حتى مجرد إجادة لعناصر اللغة ، وإنما هي أداء معين لتحقيق وظائف اتصالية معينة في مواقف اجتماعية محددة (يونس والكندري، 1998).

وفي ضوء هذا يرى الباحث أنه لا يمكن عزل مهارات الاستماع ، أو الكلام مثلا عن السياق الذي تستخدم فيه ، وهذا ما يجعل للمهارات اللغوية في المدخل الاتصالي الطبيعي خصائص ووظائف تختلف عن كل هذا في مدخل لغوي آخر فضلا عن نوع العلاقة بين هذه الوظائف .

والمهارات اللغوية في المدخل الاتصالي تتكامل بين بعضها ، ولا يعني التكامل هنا مجرد ضم مهارة إلى أخرى وإنما هو شيء أبعد من ذلك ؛ إذ يدخل هذا في صميم المواقف الاتصالية نفسها، فالموقف الاتصالي غالبا ما

يحتاج إلى توظيف مهارتين أو أكثر في المرة الواحدة، ولنتصور مثلا موقفا يدير الفرد فيه حوارا مع موظف الاستقبال في فندق ما، في مثل هذا الموقف تشترك المهارات اللغوية الأساسية الأربع في وقت واحد، فالفرد يعبر عن رغبته في الحصول على غرفة في فندق عن طريق الكلام، وهو في أثناء تعبيره هذا يتلقى من الموظف ردا بالإيجاب مثلا، أي يستمع الفرد إلى موظف الاستقبال (استماع) وذلك في اللحظة نفسها التي يتكلم فيها الفرد، ثم يعطى الفرد بطاقة يكلف بملئها (قراءة ثم كتابة)، ولهذا نجد المزج بين المهارات اللغوية (مدكور،2000).

وينسجم هذا التداخل أيضا بين مهارات اللغة ، مع توجه النظام التربوي إلى التدريس بأسلوب التكامل في الحلقة الأولى من التعليم الأساسي، حيث أقرت الفلسفة التربوية فكرة معلم الصف ، كونه الميسر ـ والمنظم للعملية التربوية ، بحيث يقدم المهارة وفق منحاها الترابطي للموضوعات التعليمية عامة ، واللغوية خاصة (بوريني ، 1995).

وتعد مهارات التحدث والكتابة نشاطات أساسية من أنشطة الاتصال بين البشر، وهي أحد طرفي عملية الاتصال اللغوي، وإذا كان الاستماع وسيلة لتحقيق الفهم، فإن التحدث والكتابة وسيلة للإفهام والفهم والإفهام طرفا عملية الاتصال ، ويتسع الحديث عن الكلام ليشمل نطق الأصوات والمفردات والحوار والتعبير الشفوي والكتابة .

إن النظر إلى اللغة على أنها وسيلة اتصال يستلزم النظر إلى مهارة المحادثة على أنها أبرز مظاهر التعبير الشفوي ، كما يستلزم تعرف مدى أهميتها من جانب ، وموقعها من المهارات اللغوية من جانب آخر ، فالمحادثة

وسيلة المرء لإشباع حاجاته، والتعبيرعما في نفسه، وهي الأداة الأكثر تكرارا وممارسة في حياة الناس، والأكثر قيمة في الاتصال الاجتماعي، وقد أكدت الأبحاث على أنها تحتل مرتبة متقدمة من حيث الأهمية؛ إذ يستخدمها المرء بصورة واسعة في حياته، وتؤدي له وظائف اجتماعية كثيرة، فبها يؤثر في نفوس الآخرين، ويتبادل معهم الفكر والرأي في شؤون حياته، وهي من الوسائل الفعالة في تدريس اللغة العربية، كما أنها سبيل التهيئة إلى المهارات الأخرى ، ومفتاح الدخول إليها ، وقد أثبتت الأبحاث قوة العلاقة بين المحادثة و مهارات اللغة الأخرى، فالتحصيل القرائي يدل بوضوح على الدقة في التحدث، كما أنه ينمي الثروة اللغوية، ويعطي مجالا قويا للقدرة على المحادثة. وتعد المحادثة أساسا فعالا في إغناء الكتابة، فالتراكيب والأنماط اللغوية المستخدمة في المحادثة ستستعمل في الغالب في الكتابة، كما أن التدريب على مهارة المحادثة يتطلب بالضرورة التدريب على مهارة الاستماع ، ومن جانب آخر فإن صحة الكلام تتطلب صحة القواعد النحوية (السيد ،1988).

ويعد تايدت (Tiedt .W. Sand :1978) اللغة الشفوية أساسا لكل تعليم لغوي ، فالطالب القادر على الكلام سيصبح قارئا ناجحا ، ولديه إمكانات حسنة للكتابة ، ويعد الاستماع الأساس الذي يبنى عليه تعليم الكلام والقراءة والكتابة ، حيث يشكل الطلبة خبراتهم من خلال اللغة الشفوية التي يسمعونها.

ويكاد يتفق المربون على ضرورة الاهتمام بالتعبير الشفوي ، وإيلائه العناية القصوى؛ لأنه يمثل الجانب الوظيفي من اللغة ، إذ يرى أندرسون (Anderson ،1987) أن التعبير الشفوي يستمطر الأفكار ، ويخرجها

بكلمات منظمة، ويسعف في مواجهة المواقف، ويقود إلى الثقة بالنفس، والتعزيز الذاتي.

ويرى اللغويون أن المحادثة من أهم ألوان النشاط اللغوي للصغار والكبار ، لذا فعلى المعلم أن يعطيها اهتمامه ، وأن يهيئ لتلاميذه الفرص المتتابعة كي يتحدثوا ويناقشوا . إنهم يتحدثون عما جرى معهم في المدرسة وخارجها ، يتحدثون عن زياراتهم لأصحابهم أو عن المناسبات التي حضروها ، و يتحدثون عما سمعوه في الإذاعة والتلفاز وفي المجالس التي اصطحبهم إليها آباؤهم . وهذا الأسلوب ضروري جدا للطفل منذ صغره حتى لا يصبح خجولا، لا يستطيع مواجهة زملائه داخل الصف وخارجه، وقد يجد المعلم أن مساعدته لتلاميذه أو لبعضهم تكون بتقديم بعض الكلمات والجمل لهم حتى يظل حديثهم متصلا ،وعندها عليه أن يقدمها لهم ولكن من غير إسراف ،وهذا يعني أن التلميذ في حاجة إلى مساعدة معلمه أحيانا، وذلك بتقديم بعض العبارات أو الكلمات وربما الأفكار التي تخدمه وتساعده في إطالة حديثه وتنظيمه (خاطر ورفاقه،1984).

وأشار أليكس (Alex، 1995) إلى الأدوار السلبية لبعض المدرسين التي تركز على فرضيتين : الأولى : استئثار المعلمين بالحديث دون الأطفال ، والثانية : تركيزهم على مهارتي القراءة والكتابة ، باعتبار أن اللغة الشفوية قد تم تعلمها مسبقا، وطالب بعكس الأدوار في الحوار الصفي لصالح الطلبة ، والتركيز على التعبير الشفوي لما له من ارتباط وثيق بفكر الطالب ، وعلى الكلام المنطوق لتعلم المهارات الأخرى.

ويستمد التعبير أهميته العامة من أهمية اللغـة في حيـاة الإنسـان، أمـا أهميته التربوية الخاصة فتأتي من مكانته المتميزة بـين المـواد الدراسـية ، ومـن الإسـهام المنتظـر في تكـوين شخصية الطـلاب ؛ لأن كـل إنسـان في حاجـة إلى الإفصاح عن نفسه والاتصال بغيره ، والتعبير عن أفكاره ومشاعره والتمرن علـى تقنيـات ومهـارات التحـدث والكتابـة؛ لـكي يـؤدي إلى تنميـة قدراتـه اللغويـة والمنهجية، وتطوير أسلوبه التعبـيري ، وتوليـد المعـاني وابتكـار الأفكـار وتخيـل الصور   (أحبدو،1989).

وعلى الرغم من أهمية المحادثة في المجال التعليمي والمجال الاجتماعي ، إلا أن هناك ضعفا عاما يعانيه الطلبة، ويتمثل هذا الضعف كما كشفت نتائج الرابطة الدوليـة لتقويم الأداء التربـوي في معظـم دول العـالم مـدار البحـث ، وهذا الضعف قد لا يتحرر منه الطلبة، وقد ينتقل معهـم إلى مراحـل التعليـم المختلفة (Applebee, etal, 1990) .

وقد أشـارت الدراسـات والأبحـاث إلى وجـود ضـعف عـام لـدى الطلبـة في استخدام مهـارات المحادثـة في مجـال التعبـير الشـفوي،مثل دراسـة (العجارمة،2006؛ الصويركي، 2004؛ العيسوي ،2003؛ الزعبي،2000؛ الكلبـاني، 1997؛ عصر، 1997)، إذ إن المحادثـة مـن المهـارات اللغويـة المهمـة في مـادة اللغة العربية التي لايوجد لهـا محتـوى خـاص بهـا، ولا يحـرص الطـلاب علـى آدابها، والتمكن من مهاراتها (عصر، 1997).

وأشارت دراسة قامت بها لجنة الرصد اللغوي بجامعة أم القرى (1995) إلى أنه يوجد مشكلة في تعلـم مهـارات التحـدث لـدى الطلبـة سـببها اعتمـاد واضعي المواد التعليمية على خبراتهم في التأليف.

والمشكلة في تعلم الكلام أو التحدث للصغار هي أن الاغراض التي يتعلم الطلبة الكلام والتحدث من أجلها غير واضحة ولا محدودة، فأين تنمية قدرة الطلبة على المحادثة والمناقشة وقص القصص وكتابة الرسائل والمذكرات والتقارير والملخصات ؟ أين إرشاد الطلبة إلى مصادر الحصول على الأفكار والمعلومات التي تعلمه مهارة التحدث عن المعرفة ، والتعلم الذاتي ،والاعتماد على النفس ؟ وأين العروض الحقيقة غير المصطنعة التي توفرها المدرسة كي تثير دوافع التلميذ على الكلام أو التحدث؟ وكيف يستغل ما يتعلمه الطلبة في مواد المناهج الأخرى في دروس المحادثة حتى يتم الربط والتكامل بين المعارف المختلفة التي يتعلمها الطلبة؟ (خاطر وزملاؤه ، 1986).

ومن مظاهر ضعف الطلبة في هذه المهارة ضعف قدرة الطالب على مواجهة الجمهور وما ينتابه من خوف وخجل وارتباك، وعدم الجرأة في الكلام ، أو ما يتعلق بالأفكار ، حيث يمكن وصفها بالضحالة والغموض، وعدم الترابط؛ مما يجعل توضيحها أمرا صعبا (سمك،1998).

ويعزو الناقة (1982) ضعف الطلبة في اللغة عموما ، والتعبير خصوصا، إلى ضعف المنهج والمحتوى ، وغياب الاستراتيجيات التعليمية التي من شأنها إبراز الأنشطة المدرسية التي تحفز على ممارسة هذا الفن التعبيري بأشكاله المختلفة.

إن هدف تعليم اللغة العربية الرئيس يتمثل على وفق ما يراه المتخصصون في ميدان مناهج اللغة العربية، وأساليب تدريسها في إكساب المتعلم القدرة على الاتصال اللغوي الواضح السليم سواء أكان هذا الاتصال شفويا أم كتابيا (مدكور،1988).

وتحظـى دروس التعبـير الكتـابي بـاهتمام المتخصصـين في منـاهج اللغـة العربية وأسـاليب تدريسـها في العـالم، وفي جميـع مراحـل التعلـيم ؛ إذ يجـري توظيف الأعمال الكتابية في مختلف مواقـف التـعلم وأشكاله، ويتوقـف علـى إتقان التعبير قـدرة الطلاب علـى استيعاب المعلومـات الدراسية المختلفـة ، وتقدمهم في المواد الدراسية جميعها (Hedge،1993).

وللتعبير الكتابي أهمية كبرى في حياة الإنسان تتجلى في تطوير قدرته على التفاعـل مـع أبنـاء مجتمعـه في مجـالات الحيـاة المختلفـة، فهو ضرورة مـن ضروراتها، ولا يستطيع أحد أن يقلل من شأنه في وقتنا الحاضر؛ إذ يحتل جانبا مهما في حياتنا ونشاطنا اليومي، فكل إنسان يصرف جزءا كبيرا من نشاطه إما ناقلا لأفكاره كتابة، وإما قارئا لما هو مكتوب، وبالتعبير يستطيع الإنسان أن يفصح عما في نفسه من أحاسيس، وما يشعر به، وما يفكر فيه،وبفضله يتمكن الإنسان من أن يتكيف مع المجتمع الذي يعيش فيه، وما يفكر فيه (حجاب، 2000).

ولا تخفى الأهمية البالغة للتعبير الكتابي ، فقد منحت الكتابة الإنسانية فرصة ثمينة للتواصل بين أفراد المجتمع في كثير من المجالات . ويتعدى التواصل الكتابي المجتمع الواحد إلى المجتمعات الإنسانية المختلفة ، عن طريق الترجمـة (الحمداني، 2004) .

وقد جاءت صفة الديمومة والاستمرار التي تتميز بها الكتابـة عـن اللغـة الشفوية لتزيد من أهمية التعبير الكتابي؛ إذ بهذه الميزة حفظ التـراث الإنسـاني عبر الزمن للأجيال والجماعات والأفراد، وبذلك حق للكتابة أن تعد أهـم قنـاة اتصال وصلت إليها الإنسانية (الصوص، 2003).وفي الوقت نفسه تعد

مجالا مناسبا للفرد ليصب أفكاره وخلجات نفسه، والترويح عنها في القالب اللغوي المكتوب، وبذلك يعزز ثقته بنفسه من خلال إقناعها وإقناع الآخرين ، وتتأكد ثقة الكاتب بنفسه كلما أجاد التعبير. وقد كتب كثيرون في إجادة التعبير الكتابي ، وتركزت معظم كتاباتهم حول وضوح المعاني التي تتضمنها الكتابة، وتسلسلها، وترابطها، وأصالتها المنطلقة من دافع نفسي- (ظافر، 2001).

إن أهمية التعبير هذه هي التي تفسر لنا الاهتمام العالمي بالتعبير ، فقد بدأت بحوثه في الدول المتقدمة منذ أكثر من تسعة عقود ، وقد توصل المؤتمرون في كلية (دارت موث) الأمريكية إلى أن هناك علاقة متضامنة بين تعلم اللغة و تأكيد الشخصية ونموها التي يجب الانتباه إليها عند تدريس التعبير الكتابي .

وبالنظر إلى واقع تدريس التعبير الكتابي عالميا وعربيا ومحليا ، فإنه يلاحظ أن المربين يشكون ، بل يعترفون بالحاجة الماسة لتحسين القدرات الكتابية للطلبة في المراحل الدراسية المختلفة، وقد كشفت دراسات مسحية حديثة نسبيا ، بشأن قدرات الطلبة الكتابية في أمريكا واليابان عن قلة من الطلبة تقدر على إنشاء فقرة وفق عمليات التعبير الكتابي المعروفة (نصر- 1999). وأشارت بعض الدراسات إلى أن الطلبة المتفوقين يعانون كذلك صعوبة مراعاة التسلسل المنطقي في عرض أفكارهم، وصعوبة الربط بين الجمل ، وتطبيق قواعد بناء اللغة، وأن العجز عن تدعيم الأفكار والربط بينها يتخطى المراحل الثانوية لما هو أعلى منها   (مقلد، 1989) .

هذا الضعف بين الطلبة في المدارس في التعبير الكتابي امتد معهم إلى مراحل متقدمة، حيث إن كثيرا من الطلبة في المراحل الدراسية المختلفة

يشكون من عدم القدرة على عرض أفكارهم أو التعبير عنها، فإذا ما طلب من أحدهم أن يعبر كتابيا عن موضوع ما ، لم يستطع أن يعبر بأكثر من بضع جمل، أو أسطر عدة تشيع فيها الأخطاء النحوية واللغوية والأسلوبية، وسوء الترتيب والتنسيق ،وتفكك الجمل، واضطراب الأفكار، وعدم تقسيم الموضوع إلى فقرات، وعدم استخدام علامات الترقيم، ورداءة الخط، وكثرة الأخطاء على اختلاف أنواعها.

وكشفت دراسة قام بها شحاتة (1992) في مصر عن واقع تعليم اللغة العربية في المرحلة الأساسية عن أن 70% من معلمي اللغة العربية يرون أن تعليم التعبير الكتابي يمارس في المدارس بأساليب نمطية قديمة ،ولا يعنى بتدريب الطلبة مباشرة على كيفية الكتابة، وإنتاج اللغة، وقلما يمارسون التعبير في مواقف حية وطبيعية. كما أشارت الدراسة أيضا إلى أن 75% من معلمي اللغة العربية لا يمتلكون المهارات اللازمة لتعليم الإنشاء أو التعبير الكتابي، وأن الأساليب التي تتيح للطلبة فرصة الحوار والمناقشة وتبادل الرأي، وتحليل المشكلات لا تستخدم حتى الآن بصورة واسعة في مدارس التعليم الأساسي (شحاتة،1992).

وهذا الضعف في التعبير الكتابي قد ظهر في نتائج الاستفتاء الذي وزعته المنظمة العربية للتربية والثقافة والعلوم عام 1974م الذي كشف عن أن مشكلة ضعف الطلاب في التعبير التحريري مشكلة قومية عربية تشعر بها جميع الدول العربية في جميع مراحل التعليم في التعبير (أحمد،1983).

ومما يؤكد ما سبق ما جاء في ندوة تطوير تدريس اللغة العربية التي عقدت في الكويت عام 1989، تحت عنوان " واقع تدريس التعبير في المدرسة

العربية" من أن فرص الكتابة الإنتاجية في جميع مراحل التعليم قليلة، ونادرة جدا، وأن النظرة السائدة بين المعلمين حول عملية التعبير الكتابي ما زالت قاصرة ؛ حيث يرون أن التعبير يستهدف بالدرجة الأولى إقدار الطلاب على أمرين هما: التفكير الخيالي، والتعبير الجمالي (ندوة تطوير تدريس اللغة العربية، 1989).

ومع أن بعض المربين والباحثين يعزون الضعف الكتابي عند الطلبة إلى المعلم وتدني إعداده، وضعف التزامه، وأن منهم من عزا ذلك إلى تعقيدات عملية الكتابة ذاتها، وأن منهم من رأى في طريقة التصحيح المتبعة سببا من الأسباب (الهاشمي، 1994)، إلا أن كثيرين عدوا طريقة التدريس مسؤولة عن هذا الضعف (أبو رزق، 1999،Thompson, 2000).

وفي الأردن أكد عدد من الدراسات الحاجة لتطوير مهارات الكتابة عند الطلبة (العكش، 1978؛ المحافظة ، 1979؛ مركز البحث والتطوير ، 1984؛ خمايسة ، 2003؛ الجعافرة، 2004؛ الحباشنة، 2006) ، فقد أشارت هذه الدراسات إلى مظاهر الضعف في التعبير الكتابي عند الطلبة تمثلت في ضحالة الأفكار ، وسوء عرضها ، ومجانبتها للصواب ، والاضطراب في بناء الجمل ، والضعف في اختيار الألفاظ الدقيقة ، وشيوع الخطأ في النحو والصرف، وتفشي الألفاظ العامية ،ورداءة الخط ، والخطأ في استعمال علامات الترقيم ، وإهمال نظام الفقرات.

وعلى الرغم من المحاولات العديدة لتحسين مستوى تعليم الكتابة وتعلمها لدى الطلبة سواء أكان ذلك في وضع أهداف تعنى بالارتقاء بمستوى الكتابة أم بقيام وزارة التربية والتعليم بتأليف كتب تعليمية عن مهارات

الكتابة واعتمادها في الحلقتين الثانية والثالثة من المرحلة الأساسية، غير أن المحاولات لم تسفر حتى الآن عن نتائج ملموسة ، فالشكوى مـن ضعف الطلبة في التعبير الكتابي وعجزهم عن الكتابة موضوع مترابط ومتكامل ووفـق مراحل الكتابة ما زالت قائمة (نصر،1999).

ومما يؤكد ضعف الطلبة في التعبير الكتابي نتائج الدراسة التي قام بها فريق من موجهي اللغة العربية والمناهج في مديرية عمان الثانية ، لمعرفة مدى إتقان الطلبة لمهارات اللغة العربية التي أشارت إلى أن معظمهم لا يمتلكون مهارة الكتابة الأساسية، ولا يتقنون استخدامها، وأنهم يعانون مشكلة تناول الموضوع ، ومعالجته بصورة صحيحة، وكذلك قصورهم عـن التعبير بتراكيب لغوية مناسبة (عليان ، 1995).

وزيادة على ذلك ما جاء في تقرير لجنة سياسات التعليم في الأردن سـنة 1995 عن مستوى التحصيل، الـذي تضمن مشكلة لـدى الطلبة في مراحل التعليم المختلفة تتعلق بمقدرتهم على التعبير الكتابي، لذلك كان من الضـروري العمل على الارتقاء بمستوى الطلبة في هذا المجال ، وتـدريبهم علـى مهارات التعبير الكتابي، حتى يصبحوا قادرين على أدائها بدقة وسرعة.

إن الحاجة لتحسين التعبير- الشفوي والكتابي- لـدى الطلبة في الأردن كانت الباعث لتوجيه الدراسة الحالية للقيام بمحاولة ، قد تسهم في حـل هـذه المشكلة، عن طريق تقديم الوسائط المتعددة كأسلوب يستند إلى المنظـور المعرفي، والذي يميل إلى إعطاء المتعلم ذاته فرصة أوسع في التخطيط لأفكاره وصياغتها ، وتنظيمها، وإظهارها في شكل تعبير. والطريقة المقترحة في هذه

الدراسة هي استخدام الوسائط المتعددة، بوصفها أنموذج يسهل عمليات التعبير ومراجعتها وتقيمها.

وتعد مهارتا المحادثة والكتابة من المهارات التي يسعى النظام التربوي في الأردن إلى إكسابها للطلبة في المراحل التعليمية، وقد أولت حركة التطوير التربوي في الأردن اهتماما كبيرا لنتاجات التعليم اللغوي من خلال تمهير اللغة، وأكدت ضرورة تطوير أساليب التدريس التي تعزز اكتساب مهارات الاتصال حسب رؤية تطوير المناهج المبني على الاقتصاد المعرفي بما يتفق مع الأهداف التي أشار إليها منهاج اللغة العربية للمرحلة الأساسية، كما حددها الفريق الوطني (2005)، وأكد من خلالها المنحنى التكاملي في صفوف هذه الحلقة بين المباحث من جهة و مهارات اللغة من جهة أخرى ، ليجيء ذلك منسجما مع الأهداف العامة والخاصة لتعليم التعبير في مرحلة التعليم الأساسي التي ركزت على تنمية مهارات الاتصال اللغوية وبخاصة المحادثة والكتابة.

وتمشيا مع هذه التطورات ونتيجة لآراء المعلمين والمشرفين والباحثين في اللغة العربية فإن مؤتمر التطوير التربوي الأخير المبني على الاقتصاد المعرفي، قد تبنى فكرة بناء مناهج اللغة العربية وفق رؤية تدعو إلى تمهير اللغة العربية بتدريسها من خلال مهارات الاتصال اللغوية ،وهي رؤية كانت نتيجة لشكوى المعلمين والمشرفين من ضعف الطلبة في هذه المهارات .

لقد أصبح للوسائط المتعددة تأثير واضح في تدريس مهارات اللغة العربية، ووسائل تعليمها، فقد أحدث الحاسوب تغيرا جذريا في مجال تدريس اللغة في السبعينيات من القرن الماضي ، وفي الثمانينيات وفر الحاسوب

الشخصي وسائل وأدوات وبرامج أسهمت في تطوير طرائق تدريس اللغة العربية ، وأتاح الفرصة لابتكار طرائق تربوية من شأنها المساعدة على إثارة اهتمام المتعلمين، وتحفيزهم للتعلم والتحصيل بأساليب التعلم الذاتي ، وأصبحت المعلومات الإلكترونية سمة مميزة لعقد التسعينيات من القرن العشرين (Warschouer، 1996).

والوسائط المتعددة تتطلب التنويع وتساعد على الابتكار ، وعن طريق الوسائط المتعددة يمكن للطلبة أن يقوموا بعملية الاتصال والتواصل بطرائق عدة ، لا بل هي السبيل لتنمية مهارات اللغة بأقل وقت ، وأقصر ـ الطرق، ووجدت لتمكين المتعلم من ممارسات المهارات، لتحقيق النتاجات والأهداف التعليمية التعلمية (الإطار العام للمناهج، 2005).

وأصبحت الوسائط التعليمية ، ومن بينها الحاسوب، تتفوق على الأدوات التعليمية السابقة لأنها تهيىء فرصة التفاعل بين المتعلم وموضع التعلم، وتزود المتعلم بخبرات ذاتية وعقلية لا توفرها الأدوات الأخرى (الحايك، 2005).

وتسهم برامج الوسائط المتعددة في تنمية مهارات التفكير، ويدافع عن هذه الفكرة (Papert,1980) الذي يرى أن الوسائط المتعددة عامة والحاسوب بشكل خاص وسائط مهمة في تنمية القدرات الإدراكية من خلال تشكيلها للمواد الدراسية، وهذا ينبع من تحكم المتعلم في سيرعملية تعلمه، ومن تفاعله الحواري مما يضمن تسلسلا تترابط فيه المواقف والاستجابات، والتغذية الراجعة، وتحقق للطالب فرصة أكبر لتثبيت معلوماته؛ إذ يستقبلها بأكثر من حاسة، لكثرة الوسائط المستخدمة في توصيلها، وتثير أيضا دافعية

المتعلم نحو التعلم وتثير انتباهه للموضوع وتزوده بتغذية راجعة، وتمكنه من التقويم الذاتي مما ينمي لديه شعور الثقة بالنفس.

إن المميزات السابقة لبرامج الوسائط المتعددة ؛ تعزز استخدامها في الموضوعات الدراسية المختلفة، وتسعى الدراسة إلى استخدام هذه البرامج المتعددة الوسائط في تدريس مهارتي المحادثة والكتابة على أمل أن ترفع من مستوى الطلبة المهاري.

واستنادا إلى أهمية مهارة المحادثة والكتابة ، واستجابة للشكوى من ضعف الطلبة منها، وانسجاما مع الاتجاهات الحديثة في تنمية مهارات التحدث والكتابة لدى الطلبة جاءت الدراسة الحالية لبناء برنامج تعليمي باستخدام الوسائط المتعددة لتنمية مهارتي المحادثة والكتابة لطلبة الصف الرابع الأساسي لعله يسهم في تطوير تدريس هذه المهارات اللغوية.

مشكلة الدراسة

الغـرض مـن هـذه الدراسـة بنـاء برنامـج تعليمـي قـائم عـلى اسـتخدام الوسائط المتعددة، واختبار أثره في تنمية مهارات التحدث والكتابة لدى طلبـة المرحلة الأساسية في الأردن.

عناصر الدراسة

حاولت الدراسة الحالية الإجابة عن الأسئلة الآتية :

1- مـا مكونـات البرنامـج التعليمـي لتنميـة مهـارات التحـدث والكتابة لدى طلبة المرحلة الأساسية ؟

2- هل هناك اخـتلاف في تنميـة مهـارات التحـدث لـدى طلبـة المرحلة الأساسية يعزى إلى نوع البرنامج (برنـامج تعليمـي باسـتخدام الوسائط المتعددة والبرنامج الاعتيادي) ؟

3- هـل هنـاك اخـتلاف في تنميـة مهـارات الكتابـة لـدى طلبـة المرحلة الأساسية يعزى إلى نوع البرنامج (برنـامج تعليمـي باسـتخدام الوسائط المتعددة والبرنامج الاعتيادي) ؟

4- هـل هنـاك اخـتلاف في تنميـة مهـارات التحـدث يعـزى إلى التفاعـل بـين الجـنس والبرنامـج التعليمـي (الاعتيـادي والقـائم عـلى الوسائط المتعددة) لدى طلبة المرحلة الأساسية ؟

5- هـل هنـاك اخـتلاف في تنميـة مهـارات الكتابـة يعـزى إلى التفاعـل بـين الجـنس والبرنـامج التعليمـي(الاعتيـادي والقـائم عـلى الوسائط المتعددة) لدى طلبة المرحلة الأساسية ؟

فرضيات الدراسة

في ضوء أسئلة الدراسة يمكن اشتقاق الفرضيات الإحصائية الآتية :

1- لا يوجد فرق ذو دلالة إحصائية عند مستوى (α= 0,05) في تنمية مهارات التحدث لدى طلبة الصف الرابع الأساسي يعزى إلى نوع البرنامج (البرنامج التعليمي باستخدام الوسائط المتعددة والبرنامج الاعتيادي).

2- لا يوجد فرق ذو دلالة إحصائية عند مستوى (α= 0,05) في تنمية مهارات الكتابة لدى طلبة الصف الرابع الأساسي يعزى إلى نوع البرنامج (البرنامج التعليمي باستخدام الوسائط المتعددة والبرنامج الاعتيادي).

3- لا يوجد فرق ذو دلالة إحصائية عند مستوى (α= 0,05) في تنمية مهارات التحدث لدى طلبة الصف الرابع الأساسي يعزى إلى التفاعل بين البرنامج التعليمي والجنس (البرنامج التعليمي باستخدام الوسائط المتعددة والبرنامج الاعتيادي).

4- لا يوجد فرق ذو دلالة إحصائية عند مستوى (α= 0,05) في تنميته مهارات الكتابة لدى طلبة الصف الرابع الأساسي يعزى إلى التفاعل بين البرنامج التعليمي والجنس (البرنامج التعليمي باستخدام الوسائط المتعددة والبرنامج الاعتيادي).

أهمية الدراسة

يمكن إجمال أهمية الدراسة الحالية على النحو الآتي:

- انسجامها مع أهداف العملية التعليمية التعلمية في الأردن التي تسعى إلى تنمية مهارات اللغة العربية الأربع لدى الطلبة ، وأن يتم تدريس منهاج اللغة العربية من خلال مهارات اللغة، وتزويد الطلبة بالخبرات والأنشطة التي تعمل على تحفيز الطلبة ، وتزويدهم بالمهارات الأساسية . وكذلك انسجمت الدراسة مع الاتجاهات الحديثة التي ترمي إلى التجديد في العملية التعليمية التعلمية وفي أدوار المتعلم والمعلم ، وفي استثمار المعرفة لخدمة الاقتصاد، والتنمية المستدامة في المجتمع ،واستجابة إلى استخدام تكنولوجيا التعليم ، من خلال حوسبة مناهج اللغة العربية في الأردن ، وفي ذلك إدراك لأهمية الحاسوب في التعليم. تمشيا والمنطلقات الرامية إلى التطوير التربوي في الأردن .

- وقد يكون لهذه الدراسة أثر في توجيه نظر القائمين على العملية التربوية في الأردن إلى الاستفادة من الوسائط المتعددة كاستراتيجية تستخدم في إكساب الطلبة مهارات اللغة العربية في المرحلة الأساسية؛ لأن هذه الوسائط أثبتت نجاحها في مناحي العمل التربوي.

- يتوقع أن تسهم هذه الدراسة في تشجيع الباحثين للشروع في إجراء المزيد من الأبحاث و الدراسات الميدانية المماثلة ، لقياس فاعلية استخدام الوسائط المتعددة في تدريس مهارات اللغة العربية المختلفة في حلقات تعليمية أخرى.

- إفادة المهتمين بطرائق تدريس اللغة العربية وتقويمها واستراتيجياته، ولاسيما تدريس مهارتي المحادثة والكتابة وتقويمهما من معلمين ومشرفين وواضعي مناهج، ورفدهم بأنواع جديدة من العمل التربوي يستند إلى المدرسة المعرفية في التعلم.

محددات الدراسة

تجري هذه الدراسة وفق المحددات والحدود الآتية :

1- طلبة الصف الرابع الأساسي في مديرية التربية والتعليم / عمان الأولى للعام الدراسي 2006/2005، لأن هذا الصف يشكل نهاية المرحلة الأساسية الأولى، ومن المتوقع أن طلبة هذا الصف قد تعلموا مهارات اللغة العربية الأساسية.

2-المحتوى التعليمي المستخدم في بناء البرنامج وتطبيقه هو سبعة دروس من الموضوعات المقررة للفصل الدراسي الثاني من كتاب لغتنا العربية للصف الرابع الأساسي (بحسب المنهاج الجديد) وذلك بوصفها الدروس الأكثر ملاءمة لتحقيق هدف الدراسة ، وهو تنمية مهارتي المحادثة والكتابة.

3-أدوات الدراسة التي أعدها الباحث ، هي : قائمة بمهارات المحادثة والكتابة، ملحق (1)، (2) ، واختبار في مهارتي المحادثة والكتابة ، ملحق (4) ، و البرنامج التعليمي القائم على استخدام الوسائط المتعددة، ملحق (11) ، ودليل للمعلم ، ملحق (13)، وترتبط نتائج الدراسة بمدى صدق هذه الأدوات وثباتها.

1-زمن تطبيق البرنامج التعليمي الذي أقتصر على ثلاثة شهور بمعدل 24 حصة ، بواقع حصتين صفيتين في الأسبوع.

التعريفات الإجرائية

البرنامج التعليمي القائم على الوسائط المتعددة

يقصد به في الدراسة الحالية مجموعة من الأهداف والمحتوى والمعارف والأنشطة اللغوية الأدائية التعلمية التعليمية التي يتم تصميمها للطلبة أفراد الدراسة، وضمن أدوات تقويم مناسبة، ووفق أدوات دراسية تضمنت تدريس مهارات تعليمية مناسبة، ويستند برنامج استخدام الوسائط المتعددة إلى افتراضات وأسس يقوم عليها ويتحدد فيه دور المعلم ودور الطالب، وأساليب التدريس والتقويم الحديثة. وتقديم المحتوى التعليمي لطلبة الصف الرابع الأساسي، يكون بتوظيف مجموعة من النصوص Text، والصوت Sound، والصورة Image والحركة Animation، ولقطات الفيديو Video Clip ، وشبكة المعلومات Internet ، وهذه الوسائط تسمح للطالب بالتفاعل معها على نحو يكامل بينها، كما تعمل على إثارة الدافعية لدى المتعلم وتحفزه.

البرنامج الاعتيادي

مجموعة من الأهداف والنشاطات والمحتوى الذي أقرته وزارة التربية والتعليم ، وهي موصوفة في أدلة المعلمين المعتمدة في تدريس مناهج اللغة العربية في الأردن، لمستوى طلبة الصف الرابع الأساسي.

مهارات التحدث

الأداء اللغوي الذي يستخدمه طلبة الصف الرابع الأساسي في أثناء التحدث في درس المحادثة . ومن مجالاتها: الأنماط والتراكيب اللغوية ،

المضـمون اللغـوي، الأصـوات اللغويـة ، القواعـد اللغويـة ، شخصـية المتحدث وآدابه ، وتتضمن هـذه المجـالات مجموعـة مـن المهـارات الفرعيـة ، أعدها الباحث، ويقاس أداء الطالب فيها بالدرجة التي يحصل عليها في اختبار المحادثة الذي تم إعداده.

مهارات الكتابة

الأداء الذي يتحقق لدى طلبة الصف الرابع الأساسي في مواقف الكتابة، ويعبر عنه بقدرة طلبة الصف الرابع الأساسي عـلى تصـور الأفكار وكتابتها في حـروف وكلـمات وتراكيـب صـحيحة، مراعيـا علامـات الترقيـم، ويقـاس أداء الطالب فيها بالدرجة التي يحصل عليها في اختبار الكتابة الذي تم إعداده.

الفصل الثاني

الإطار النظري
والدراسات ذات الصلة

الإطار النظري والدراسات ذات الصلة

يتناول هذا الفصل الإطار النظري الـذي استندت إليه هـذه الدراسـة والدراسات ذات الصلة التي تناولت مهارات التحدث ، واستخدام الوسائط المتعددة، ومهارات الكتابة، وفيما يأتي عرض لذلك.

أولا : الإطار النظري

لم تعد عمليـة التـعلم تشير إلى إكسـاب الطلبـة المعـارف والاتجاهـات والمفاهيم والمهارات فحسب، وإنما أصبحت تشير إلى عمليـة تعديل وتغيير شامل وعميق لسلوك المتعلمين ليصبحوا أكثر قدرة علـى استثمار طاقاتهم استثمارا ابتكاريا وإبداعيا خلاقا إلى أقصى الدرجات والحدود.

واللغـة العربيـة هـي اللغـة الأم للطلبـة الأردنيـن ، يحتاجون إليهـا في المواقـف المتنوعـة ،وبهـا يعبرون عـن مشـاعرهم وآرائهـم وأفكـارهم ، ويستخدمونها في التعبير الـوظيفي ككتابـة الرسـائل ، والتعازي والمحاضرات، والاستدعاءات، هذا يـبرز أهميـة تطور مهارات الاتصال الأربـع (الاستماع ، والمحادثة، والقـراءة، والكتابة) مـن خـلال تعليم النظام التربـوي للعربيـة في نظامها الصوتي والصرفي والمعجمي والنحـوي والبيـاني ، والكتـابي اعتمادا علـى مستويات التعبير وفنون القول.

وانطلاقا من هذا الموقع البارز للغـة في الحيـاة الإنسانية أخـذت اللغـة مساحة كبيرة مـن جهـود المنظـرين في مجاليهـا الشـفهي والكتـابي، فشـهدت اهتمامـا خاصا في مجـال تفسـير التكـوين اللغـوي لـدى الإنسـان. وانطلقت البحوث النفسية والتربوية تبعا لذلك تقترح الطرائق والاستراتيجيات

لتعليمها وتعلمها، أملا في الوصول إلى أفضل ما يمكن أن يساعد المتعلمين والمعلمين في التقدم في تحصيلها، وفي أفضل الظروف التي تلائم مستوياتهم العقلية والنفسية ، وطبيعة موادهم الدراسية وأهدافها. إذ يرى قطامي (1998) أن هذه الطرائق والاستراتيجيات قد استندت إلى أحد الاتجاهات المعروفة، وهي الاتجاه السلوكي، والاتجاه الإنساني، والاتجاه الاجتماعي، والاتجاه المعرفي، ونظريات التعلم تعود بعامة إلى هذه الاتجاهات.

والنظرية التي استندت إليها هذه الدراسة ؛ هي النظرية المعرفية التي تسعى إلى إكساب الطلبة النواحي الوظيفية ،وتدعو إلى تمهير اللغة ، وتدريس اللغة العربية من خلال تنمية مهارات الاتصال اللغوية. التي تركز على دور المتعلم في الظروف والمواقف التي يواجهها أو يتفاعل معها، بحيث يستطيع المتعلم أن يجعل التعلم ذا معنى إذا ما قام بالانتباه للخبرات الجديدة، وربطها بالخبرات الموجودة لديه بهدف تخزينها في ذاكرته وخبراته واسترجاعها من خلال استخدام مساعدات التذكر، ونقلها لمواقف جديدة.

والنظرية المعرفية تركز في أساسها على افتراضات بياجيه (Piaget) ، وبرونر (Bruner)، التي تقول بأهمية العمليات العقلية ؛ إذ ترى أن اللغة والتعلم ينظر إليهما بوصفهما أجزاء من التطور الذي يحدث للفرد عبر مراحل معرفية سيكولوجية تتأثر بالتطور الطبيعي للعقل بطريقة تفاعلية، وأن التفاعل بين الأبنية والتراكيب العقلية للفرد ، والأبنية العقلية للمستمعين أو القراء وأبنية اللغة ذاتها تتطلب نوعا من التهذيبات عند ممارسة مهارتي المحادثة والكتابة (Baron, 1998) وقد امتد تأثير النظرية المعرفية إلى مواقف التدريب وتعلم المهارات (Schunk, 2000) مما يتطلب من

مصممي التدريس والتدريب أن يتفهموا هذا الاستحداث لكي تكون مصممات التدريس والتدريب أكثر ملاءمة للعصر ـ والمعرفية الحديثة ، ومعالجة المعرفة التي بدأت تتطلب تدريسا وتدريبا أكثر تقدما ، وأكثر ملاءمة وبعدا عن الاتجاه التقليدي، لذا فإن الاهتمام بالاتجاه المعرفي في التدريس والتدريب وتصميم التدريس أصبح ضرورة تتطلب من المدرس أو المدرب ، ذي الكفاية أن يتقن مهارات هذا المنهج ، أو الاستراتيجية ، وهو ما يفرض الاهتمام باستراتيجيات تصميم التدريس المعرفية.

كما أن الممارسات التقليدية التي تبنت اتجاهات تقليدية في مواقف التدريس والتعليم ، وتصميم التدريس، بدأت تظهر تدنيا في فاعلية النتاجات التي يتم التوصل إليها بعد التطبيق والممارسة. إن ظهور أهمية المتعلم وتأكيد إنسانيته يتطلب من الممارسين والمنظرين الالتفات إلى هذا المجال – المجال المعرفي- في تفسير ظاهرة التعلم ونموه وتطوره بهدف فهمه فهما جيدا، وتقديم ما يلزمه من الخبرات والمواد والمعالجات المناسبة لزيادة ملاءمته للعصر الذي يوجد فيه، بما في ذلك زيادة درجات إفادته من الخبرات والمواد والتكنولوجيا المتوافرة، وتطويع خبراته وإمكانياته لكي تتناسب وعصر ـ تفجر المعرفة ، وذلك عن طريق السيطرة على استراتيجيات التعلم والتقويم والتعزيز الذاتي كما توصلت إليه النظرية المعرفية.

وما يذكرأن التدريس المعرفي حينما يركز على جوانب معرفية إنما يركز على محتوى ذي تنظيم مفاهيمي بنيوي ، وحينما يركز على الجانب المهاري (Skills) فهو يركز على ممارسة واستخدام : استراتيجيات، وعمليات

معرفيـة ذهنيـة، ومعالجـات ذهنيـة ، وقنـوات معرفيـة متعـددة في آن واحد، وتكنولوجيا متطورة ، ومصادر متنوعة للتعلم.

ويعرض الباحث الإطار في هذه الدراسة ضمن ثلاثة محاور:

الأول : التعبير الشفوي

من حيـث مفهومـه، وأهميتـه، ومناهجـه، وأصـوله وضوابطه، وأسباب ضعف الطلبة فيه، وطرائق تدريسه، ومهاراتـه ، ومجالاتـه ، وعلاقتـه بمهارات اللغة الأخرى ، وبالأنماط اللغوية وبالتفكير، وكذلك أسـس اختيـاره ، وخطـوات تنفيذه، ومشكلاته.

الثاني: التعبير الكتابي

من حيث تعريفه ، وآلية الكتابـة ، وأنواعـه، ومهاراتـه، وكـذلك واقـع تعليمه في المدارس، وعلاقته بمهارات اللغة الأخرى.

الثالث: الوسائط المتعددة

أهميتهـا في عملية التعليم، ، وتعريفها ، وعناصرهـا الأسـاسـية، وفوائـدها التربوية ، وآراء التربويين فيها.

أولا:التعبير الشفوي

إن الاستخدامات الصوتية للغة من جانـب البشر ـ تمثـل مـا نسـبته مـن (57% إلى 90%) مـن إجمالي الاستخدامات اللغوية كلهـا، وهـذه النسـب يتبادلهما فنان لغويان هما : الاستماع والمحادثة (عصر ، 1997) . وقد أجـري مسح لمواقف النشاط اللغوي في الحياة ، فوجد الباحثون أن التعبير

الشفوي يأتي في المرتبة الأولى من حيث الأهمية (مجاور ،1974؛ السيد ، 1980) .

ونظرا لأهمية التعبير الشفوي فقد اتفقت آراء غالبية التربويين والمربين على تنمية قدرة الطالب على التعبير الشفوي والحديث الصحيح الذي يعد من أبرز الأغراض في تعلم اللغة ، فعلى الطالب تعلم الكلام والإصغاء قبل أن يتعلم كيف يقرأ ويكتب ، لأنها الطريقة الناجعة التي تعمل على تهيئته للقراءة والكتابة والتعبير بعد التهيئة الصوتية والنفسية (السيد ، 1996 ؛ سمك، 1998) .

تبدو أهمية التعبير الشفوي في كونه أداة الاتصال السريع بين الفرد وغيره ، وفي تقوية الروابط الاجتماعية والفكرية بين الأفراد والجماعات ، والنجاح فيه يحقق كثيرا من الأغراض الحياتية (إبراهيم ،2000).

ويعد التعبير الشفوي عماد المحادثة التي هي " مفتاح التعلم " في مرحلة التعليم الأساسية لجميع الموضوعات والمواد الدراسية بلا استثناء ، على الرغم من أنها تقصد لذاتها في دروس المحادثة اللغوية (صميلي ، 1988) ، لهذا أوصى الباحثون بضرورة الاهتمام والعناية به في مرحلة التعليم الأولى من حياة الطفل ، وإعطائه الوقت كله (طعيمة ومناع ،2000) .

إن عجز الطالب عن التعبير الشفوي يقلل من فرص نجاحه في نقل آرائه وأفكاره إلى غيره من أفراد المجتمع ،ويقلل من فرص تعلمه ، وإخفاقه في مواجهة مواقف الحياة المختلفة، مما يؤدي به إلى الاضطراب وفقدان الثقة بالنفس، ويؤخر نموه الاجتماعي والفكري (لطفي ، 1986؛ أبو مغلي ، 1986).

وإن الإنسان في حاجة إلى فصيح الكلام ، من حيث انتقاء الكلمات ، وفنية الأسلوب، والخلو من الأخطاء اللغوية والنحوية ، إذا كان يحاضر أو يلقي حديثا، حتى يكون لما يقوله قيمة ثقافية تؤثر في سامعيه (ستيتية، 1995).

إن وصول الطالب إلى لغته القومية لا يحصل إلا بإتقان مهارات اللغة العربية المعروفة (القراءة ، والكتابة ، والحديث ، والاستماع) . و تعلم هذه المهارات بشكل مترابط، لأن كل مهارة مرتبطة بالمهارة الأخرى ، بحيث تتآلف في النهاية لتحقيق الغاية المنشودة من تعلم اللغة، إن من يبحث في هذه المهارات يجد من دون أدنى شك أن مهارة التعبير الشفوي من أبرز أهداف دراسة اللغة.

وإن إتقان هذه المهارة هو من الأهداف التي يجب على المعلمين أن يعطوها الاهتمام والعناية اللازمين ، والعمل على تمكين الطلاب، منها فالتعبير بشقيه (الشفوي والكتابي) يعد الغاية المرجوة من تعلم اللغة ، أما المهارات الأخرى فهي وسائل معينة عليه (سمك، 1998).

ووضع صميلي (1988) أصولا وضوابط للتعبير الشفوي على المعلم الالتزام بها، منها الابتعاد عن اللهجة العامية قدر الإمكان ، واستعمال اللغة الفصحى السليمة في المحادثة والمناقشة ، وطرح الأسئلة والحرص على الإكثار من الكلمات الجديدة في الحصة الواحدة ، وعدم قبول الإجابات الجماعية من الطلاب ليتمكن المعلم من معاينة صحة إجابات الطالب لفظا ومعنى، يزاد على ذلك ضرورة أن تكون الكلمات المستخدمة لها علاقة بحياة الطالب وبيئته، وزيادة رصيد الطلبة اللغوي عن طريق القراءة والاستماع وحفظ

النصوص. أما بالنسبة للمعلم فيتطلب الاتجاه الحديث تغيرا في الطريقة التقليدية ، وتدريب الطلبة على الاستعمال اللغوي السليم ، والاهتمام بحسن اختيار الموضوعات المتصلة بحياتهم، وتدريبهم على مهارات التعبير الشفوي في مواقف حيوية للطالب ، وألا يقتصر ـ تعليمه للتعبير على حصة واحدة في الجدول الدراسي.

المهارات الأساسية للتعبير الشفوي

جاء في تعريف المهارة في المعجم الوسيط، أنها إحكام الشيء والحذق به (أنيس وزملاؤه ،1973)

ومن أهم المهارات الأساسية للتعبير الشفوي مهارة الإلقاء الجيد، وذلك بما تتصف به من تجسيد للمعاني وترجمة للمواقف، وتحكم في تنغيم الكلام، وترتيب للأفكار، وقدرة على اختيار الجمل والعبارات المعبرة عن الأفكار أصدق تعبير، مع التأثير القوي في السامعين من خلال التحدث الجاذب (والي، 1998).

وفي ضوء ذلك تم استخلاص المهارات الأساسية للتعبير الشفوي لطلبة الحلقة الأولى بالرجوع إلى مصادر متنوعة تشمل الدراسات العلمية، والبحوث التربوية وأساليب تعليم اللغة العربية، والمناهج والكتب المدرسية، مع مراعاة ملاءمتها لمستوى النمو في هذه المرحلة ، وقد شملت ثلاثة مستويات:

أولا : مستوى الأفكار ويشمل المهارات الآتية:

1.فهم معاني الكلمات الدالة على الأشياء والأحداث والصفات: وهذا يتطلب من الطالب تسمية الأشياء بأسمائها : حفلة ، كتاب.... مع ذكر صفاتها ويمكن للطالب أن يفهم معنى الكلمة بذكر

استعمالاتها، أو بذكر الفئة التي تتبعها (مونرو، 1983). والمؤشر السلوكي على ذلك، هو القدرة على التفريق بين التعبير الصحيح وغير الصحيح.

2. تنمية خيال الطفل في مستوى صفه: إن ما يعمل على تنمية الخيال لدى الطلبة في هذه المرحلة هو اللعب الدرامي، وذلك لأن الطالب يكون قد اجتاز حدود الواقع، فيصبح ميالا إلى القصص المستمدة من بيئته الاجتماعية، بأسلوبها الواضح وفكرتها البسيطة (أبو حجلة، 1985). والمؤشر السلوكي الدال على ذلك، يكون في قدرة الطالب على إكمال قصة بجملتين أو أكثر.

3. استدعاء كلمات بشأن مجال معين: إذ يواجه بعض الأطفال مشاكل في استرجاع بعض المفردات بشكل تلقائي، لاستخدامها حين الحاجة، وغالبا ما يكون ذلك في إكمال جملة ناقصة، ويحاول بعض الطلبة التعويض عن ذلك باستعمال مفردات مرادفة للمعنى، وقد يستخدمون الإشارات. وأحيانا قد يلجأون إلى العزوف عن التواصل الشفوي (الوقفي، 2000).

أما المؤشر السلوكي الدال على إتقان هذه المهارة، فيتمثل في قدرة الطالب على اختيار الكلمة المناسبة بالاعتماد على فهمه لمعناها، ووضعها في مكانها المناسب لتكوين جملة مفيدة.

4. استقراء الصور : ويكون ذلك بالتعبير عن الصور بجملة مفيدة: يحب الطلبة في هذه الحلقة اللعب بالصور، ولهذا تستخدم الصور الملونة مادة لتدريبهم على الحديث بتوجيه الأسئلة عنها (سلد، 1981) ويمكن

للمعلم أن يعرض الصور التي ترتبط ببيئة الأطفال مثل: سيارات، وحيوانات، ونباتات، وغيرها، ويطلب منهم التعبير عنها. أما المؤشر السلوكي الدال على إتقان هذه المهارة، فيتمثل في قدرة الطالب على الحديث عن مضمون الصورة بجملة مفيدة.

5.استقراء المشاهد: وذلك بوصف مشهد بجمل مفيدة: حيث يشاهد الطالب في حياته اليومية ما يجعل ذاكرته مليئة بالأفكار التي تزيد من بناء خبراته، ومن ذلك الأعمال المدرسية؛ مثل : الرحلات والألعاب والمشاهدات الصفية المتكررة، ويأتي دور المعلم لإفساح المجال أمامه للتعبير عنها. (الفريق الوطني/ 1991). أما المؤشر السلوكي الدال على إتقان هذه المهارة، فيتمثل في قدرة الطالب على التحدث بجملة أو أكثر عن مشهد أو حدث يتكرر معه.

6. القدرة على التواصل : وذلك بالإجابة عن أسئلة مباشرة لغرض معين، فقد نجد أحيانا عند الطلبة في هذه الحلقة صعوبة في الإجابة عن الأسئلة التي ترتبط بمعلومات كثيرة، كأن نقول: "كم عدد الأشجار المثمرة في السهول"؟ والأغرب من ذلك أن نجد صعوبة في الإجابة عن أسئلة مباشرة، كأن نقول:" اذكر عدد أشجار التفاح التي أمامك." وهنا ينبغي التركيز على إيصال الطالب إلى قدرة متقدمة من الإجابة عن أسئلة مباشرة (الوقفي،2000). أما المؤشر السلوكي الدال على إتقان هذه المهارة، فيتمثل في قدرة الطالب على الإجابة الكاملة عن سؤال مباشر.

ثانيا: المستوى الصوتي ويشمل المهارات الآتية:

7.تلوين الأداء الصوتي بما يناسب المعنى: ويقصد بذلك ارتفاع الطبقة الصوتية وانخفاضها حسب المعاني الواردة كالحزن والغضب والحنين. أما المؤشر السلوكي الدال على إتقان هـذه المهارة، فيتمثل في تذبذب حركة الصوت ارتفاعا وانخفاضا للدلالة عـلى لـون الحـديث، وانـدماج الطفـل في المعاني التي يسوقها (نصر، 1998).

8.تلوين الأداء الصوتي بما يناسب الـنمط التركيبـي: ويتمثل ذلك في تغيير النغمـة بحسـب أسـاليب الاستفهام والتعجب والنداء والاستغاثة والشرط، فيبدو نطق الجمل والكلمات نطقا سليما مفهوما بحيـث يعطي الكلام موسيقى خاصة (العيسوي،2003). أما المؤشر السـلوكي الـدال عـلى هذه المهارة، فيتمثل في قدرة الطالب على تغيير نغمة الصوت أو نبرته؛ بما يناسب النمط اللغوي استفهاما أو تعجبا أو نداء.

9.إعطاء معنى للمفردات بالإشارة والتمثيل: ويقصد بذلك اسـتخدام لغة الجسد، من تحريك لليدين والعينين والرأس، وما يصاحبه من حركات للوجه كالابتسام أو تقطيب الحواجب، لإيصال المعاني إلى المتلقي بوضـوح. أما المؤشر السلوكي الـدال عـلى إتقـان هـذه المهـارة فيتمثل في اسـتخدام الإشـارة، وإيمـاءات الوجـه، كالابتسـام مـع الفـرح أو البكـاء مـع الحـزن، (نصر،1998).

ثالثا: مستوى التراكيب ويشمل المهارات الآتية:

10.الربط الجملي بـين المفـردات ، ذلـك بتكـوين جمل مفيـدة مـن مفردات مبعثرة: ذلك أن التنسيق بين الألفاظ والكلمات لتؤدي إلى المعنى

الذي يريده المتحدث، من حيث صحة التركيب، وصحة الدلالة، حيث تقع كل كلمة في الموقع المناسب من الجملة (الكلباني،1997). والمؤشر السلوكي الدال على ذلك، هو تكوين جمل مفيدة من مفردات.

11. المعرفة الموقعية والسياقية ، وذلك باستعمال كلمة في جملة مفيدة: إذ إن استخدام الكلمة في جملة، يعني أن دائرة الطالب تتسع لتأليف جمل جديدة، وهنا ينبغي على المدرس أن يتقبل هذه الجمل التي تأتي غالبا من البيئة المدرسية والأسرية (الفريق الوطني، 1991)

أما المؤشر السلوكي الدال على إتقان هذه المهارة، فهو استعمال كلمة أو كلمات في جمل مفيدة.

12.استخدام صيغ وأنماط لغوية بصورة مناسبة: حيث تتكون الجملة من ركنين أساسيين مسند ومسند إليه، وهذا يعني أن على الطالب أن يراعي الصيغ اللغوية في أثناء الحديث، من مبتدأ وخبر، وفعل وفاعل، وإفراد وجمع، وتذكير وتأنيث وغيرها. والمؤشر السلوكي الدال على ذلك، هو قدرة الطالب على تحويل الجملة من صيغة إلى أخرى، مع الاستعمال الشفوي لبعض الأساليب اللغوية البسيطة.

واستنادا إلى التحديد السابق للمهارات ، ضمن الباحث إجراءات التدريس التي أعدها في أهدافه وأنشطته، وتقويماته بما يحقق حيازة الطالب لهذه المهارات، مستفيدا من التسهيلات التي تحققها الوسائط المتعددة للمحادثة.

تنمية مهارات التعبير الشفوي

يهدف تدريس مهارات التعبير الشفوي إلى تمكين الطلبة من تلك المهارات للتحدث بلغة سليمة ومفهومة بعيدة عن الغموض والتعقيد ، وأن

يكون الطالب قادرا على التحدث بجرأة وطلاقة عن موضوعات ومواقف متصلة بحياته ونابعة من أحاسيسه وتلبي رغباته واحتياجاته.

ونظرا لأهمية هذه المهارات لا بد للمعلم من الاهتمام بها، وتدريب الطلاب على ممارستها، وتعريضهم لمواقف حقيقية لتنميتها ، وهذه يتطلب منه جهدا وعناء ، وعليه أن يدرك أهمية التعبير الشفوي في الحياة، وأهمية إكساب الطالب المهارات الفرعية المرتبطة به، سواء أكان ذلك من حيث العملية (Process) أي الكيفية، وعمليات تقليد الصوتي التي يجب أن يمارسها المتكلم قبل التكلم وفي أثنائه، أم من حيث الناتج (Product)، وهو اللغة الشفوية المنتجة حول موضوع التحدث ومستواها من حيث الكم والنوع، ولا يكفيه ذلك بل عليه أن يبحث عن الوسائل والطرائق التي تحقق له غرضه، وهو قبل كل شيء مدعو لمعرفة العناصر التي تساعد على إنتاج لغة شفوية فاعلة ومناسبة للغرض وحال السامعين المتلقين، وعرضها من خلال إنتاج الأفكار وترجمتها إلى لغة منطوقة وعرضها إلى الناس لتؤدي الغرض المطلوب من التحدث (الزعبي ، 2000).

وعلى المعلم أن يأخذ الأمور الآتية بعين الاعتبار عند تنمية هذه المهارات لدى الطلبة:

- أن يعرف من أين يبدأ ، وما الأداء المطلوب تعلمه ؟ وما الخبرات المنظمة والتابعة التي يجب أن يوفرها لطلابه ؟ والمهارات التي يريد أن ينميها لدى الطلبة، حتى يكون الأداء استجابة لمواقف متنوعة(شحادة، 2001).

- أن يعطي الطلبة الوقت الكافي للتفكير ، وأن يعززهم بصورة إيجابية لكي ينمي هذه المهارة لديهم (الوقفي، 2000) .

– أن يوفر المواقف الحيوية التي يمكن ممارسة المهارات من خلالها، وهي المواقف المشابهة للمواقف التي سيواجهها الطلاب خارج المدرسة ، فالتعلم يتطلب ضرورة أن يتعرض الإنسان للموقف السلوكي المراد تعلمه.

– أن يتدرج المعلم في إكساب الطالب المهارة؛ لأن المهارة تكتسب تدريجيا سواء أكانت مهارة حركية أم عقلية، وعليه أن يبدأ من حيث يقف طلابه ، ثم يتدرج بهم على أساس حاجاتهم وقدراتهم (الكلباني، 1997).

– أن يدرب المعلم الطلبة على المهارة ؛ لأن التدريب شرط أساسي في نمو المهارة . ولكي يكون التدريب ناجحا لابد من توافر شروط منها: إشباع الحاجات والرغبات، وتوفير المواقف المناسبة للتدريب على المهارات، وتعريف الطلاب بأخطائهم ليقوموها، فلا تعلم دون ممارسة.

– أن تصمم التدريبات بحيث تكفل المرونة، وتناسب الفروق الفردية وتساعد على استخدام المهارة في مواقف متعددة ، وأن تسمح لكل طالب أن ينمو حسب قدراته إلى أقصى الأداء.

– أن يكون التدريب مستمرا ومتنوعا وأن يوضع الطلبة في سياقات ومواقف تتطلب تصنيع لغة شفوية (Nunan , 1991).

– أن يتزود الطلاب بثروة لغوية ميسرة لإتقان المهارة؛ لأن امتلاك الطالب لناصية لغته ينجم عنه الثقة بالنفس وسداد الرأي (الطيطي، 2000).

– أن يراعي استعداد الطلاب لتعلم المهارة؛ ويتوقف ذلك على الطالب جسميا وعقليا، ومستوى التعليم، وبساطة المهارة وتركيبها،

ووظيفتها في النشاط الشفوي والكتابي الـذي يمارسـه الطالـب، وموقعها من الاتصال اللغوي .

— أن يستثار المتعلم ، وأن تزداد دوافعه نحو تعلم المهارة حتـى يـتقن المهارة بالسرعة المطلوبة.

خصائص طلبة الحلقة الأولى من مرحلة التعليم الأساسي

جاءت ثورة التغير التي تنادي بالاعتراف بالطفل والتأكيد على حاجاته في البيت والمدرسة، وبدأت أساليب التعامل تتجه نحو الإقناع والملاحظة بدلا مـن العقاب البدني والحركات (وين،1999).

في إطار الحديث عـن طلبـة الحلقـة الأولى، فأنـه سيقتصر الكـلام عـلى خصائص النمو العقـلي والنمـو اللغوي والنمـو الانفعالي للأطفـال مـن (6-9 سنوات) وهي:

1- النمو العقلي :

تعد هذه المرحلة كما يؤكد (بياجيه، 1954) بدايـة التفكيـر الحقيقـي، وتتميز بالقدرة على استخدام الاستنتاجات لحل المشكلات المحسوسة، ويتمكن الطفل فيها من استخدام مفاهيم أكثر موضوعية، مثل الحجم والوزن والطول، كما يتمكن من تصنيف الأشياء، وتتضمن الأنشطة العقلية التي يمارسها الفرد، وجود عمليات معرفية يمكن حصرها بالإدراك والتذكر والاستدلال.

ففي الإدراك يقوم الفرد بتفسير مـا يصله مـن إحساسـات، عـن طريـق العقل الذي يستعين بالخبرات السابقة، أما في التذكر فإن الفرد يقوم باستدعاء

المعلومات التي تأتي عن طريق الإدراك، أما الاستدلال فإنه العملية التي تمكن الطفل من استخدام المعرفة في الوصول إلى النتائج.

ومن العوامل التي ينبغي الاهتمام بها في البيت، تطوير الخلفية الاجتماعية والثقافية وما يصاحبها من أساليب متطورة في التربية، تشمل المتغيرات العقلية المحفزة للطفل من رحلات وزيارات. أما أثر المدرسة فيتمثل في المثيرات التربوية، التي تسهم في النمو العقلي، وتشمل وسائل الإعلام المرئي والمسموع، ونمط التربية الذي يؤكد استقلال الطفل، وكذلك الأنشطة والألعاب المحببة للأطفال (سمارة، 1993).

2- النمو اللغوي

إن المشكلة اللغوية تنبع من طبيعة اللغة، وما فيها من تعقيد في الكلمات وضبطها، وكذلك في التغيرات الوظيفية لاستعمالات الكلمة المختلفة في الجملة. وهناك عوامل عديدة ذكرها (مجاور،1976) تحول دون فهم الطالب للمادة اللغوية منها:

1- ضعف الاستعداد العقلي لفهم المعاني والمدركات.

2- قلة الخبرة وضعف الخلفية الثقافية.

3- ضعف الانتباه وعدم القدرة على التركيز.

4- ضعف الحصيلة اللغوية عند المتعلم.

5- الضعف الحسي، كضعف النظر أو السمع.

وبين أنه يمكن التغلب على هذه المشكلات، إذا روعيت الاتجاهات الصحيحة في تدريس اللغة، ومنها البدء بالمهارات الأساسية، وتأكيد الربط

الحسي- في التعليم، والفهم الدقيق لسيكولوجية المتعلم، والاهتمام بالمنحى الوظيفي في التعليم. وقد أوضحت الدراسات التربوية، أنه لا يمكن الفصل بين النمو العقلي واللغوي عند الأطفال، وأن المفاهيم التي ألفوها تنسجم مع الخبرات التي مروا بها، حيث يكون فهمهم للأشياء والمعاني، مختلفا عن فهم الكبار، كما أن لغة الطفل في السنوات الأولى من المدرسة، يجب أن تبنى على ما هو مألوف لديه من كلمات وتراكيب، على نحو يعكس ارتباطها بالمحسوسات التي مر بها في بيئته الأسرية التي يغلب عليها التمركز حول الذات بسبب الحنان والعطف الذي يجده، فتراه يستخدم الضمائر التي تدل على المتكلم باستمرار، وفي مضمونها جميعا يغلب عليها البساطة بشكل يثير الضحك عند الكبار (أبو معال، 1996).

ويرى زهران (1982) أنه ينبغي على الوالدين والمربين مراعاة ما يأتي:

1- تشجيع الأطفال على الكلام والتعبير الحر.

2- مراعاة الاستعمال الصحيح للكلمات، عن طريق تنمية مهارتي الاستماع والقراءة.

3- الاهتمام بالنماذج الكلامية الجيدة في المنزل والمدرسة.

4- الابتعاد عن تصحيح الأخطاء المباشر، والاكتشاف المبكر لأمراض الكلام مثل اللجلجة واللثغة وصعوبات النطق وغيرها.

3- النمو الانفعالي

يتميز الطفل في هذه المرحلة، بأنه قابل للاستثارة ولديه بواق من العناد والتحدي، وتتكون لديه العواطف والعادات الانفعالية، فتراه يبدي الحب

ويحب المرح ويقاوم النقد، ويلاحظ أن مخاوف الأطفال متفاوتة، فالخوف من الأصوات، والأشياء القريبة يختفي، ليحل محله الخوف من المدرسة، والعلاقات الاجتماعية، وانعدام الأمن الاجتماعي، والاقتصادي، ومرد ذلك إلى اتساع دائرة الاتصال بالعالم الخارجي، وتوزيع حياته الانفعالية على مختلف ما يحيط به من موضوعات وأفراد، وما يتبعه من ضغط الجماعة الجديدة، وقد يصحب الأعراض النفسية أعراض جسدية تؤثر في الجهاز العصبي، وتمتد إلى باقي أجهزة الجسم، وهذا يحتم على المربين تفهم سلوك الطفل، والإلمام بالمشاعر الكامنة تحت الاستجابات الانفعالية السطحية، وإتاحة الفرصة له للتنفيس عن انفعالاته (قطامي،1998).

علاقة المحادثة بالمهارات اللغوية

وفي سياق الحديث عن هذا الموضوع، فإنه يتناول العلاقة بين مهارة الكلام وكل من مهارات الاستماع، والقراءة، والكتابة، والتفكير.

يؤكد الباحثون والمختصون في ميدان تعلم اللغة أن اكتساب اللغة واستخدامها في الموقف الصفي وخارجه يتم بصورة كلية تعكس تعامل مهارات اللغة بصورة تلقائية، فالمطالعة تحتاج إلى القدرة على القراءة والفهم، والكتابة تحتاج إلى الإملاء والنحو، والكلام يحتاج إلى مفردات وتراكيب وأنماط لغوية وأفكار، والحديث مرتبط بالاستماع، والقراءة لا تنفصل عن الكتابة، فكل فروع اللغة ومهاراتها تتواصل وتتكامل مع بعضها لتؤدي الاتصال اللغوي بالصورة الفضلى   (الكلباني،1997).

ويعد تاديت (Tiedt:1978) اللغة الشفوية أساسا لكل تعليم لغوي، فالطالب القادر على الكلام سيصبح قارئا ناجحا، ولديه إمكانات حسنة

للكتابة، ويعتبر الاستماع الأساس الذي يبنى عليه تعليم الكلام والقراءة والكتابة، حيث يشكل الطلبة خبراتهم من خلال اللغة الشفوية التي يسمعونها.

ولا تنفصل مهارتا النطق والاستماع عن بعضهما، فالنطق جانب مادي والاستماع جانب إدراكي معنوي، وكلا الجانبين يؤثر في الآخر ويتأثر به ومن المبادىء المرشدة لفهم الحديث، أن المتكلم يفترض توافر معلومات لدى المستمع يضيف إليها معلومات جديدة، حيث يقوم المتكلم بتحويل هذه المعلومات إلى رموزه، من خلال المؤشرات اللغوية والدلالات المصاحبة لها، حيث تمثل الأولى ترتيب الكلام بينما تمثل الثانية اكتمال الفكرة، ثم يصحب ذلك مؤشرات غير لغوية تشمل التعبيرات والتلميحات والتنغيم (والي،1998).

وفهم المستمع للحديث يتوقف على مهارة المتحدث، ومعرفته بثقافة المستمع وقدراته، فالعلاقة بين الكلام والاستماع كالعلاقة بين الشيء ونفسه، وهذا ما يؤكد أن ما ينقل من شخص إلى آخر هو المعنى المرمز، فلا يمكن أن يكون هناك اتصال إلا إذا كان المتكلم يعبر عن معنى، وكان هذا المعنى مفهوما لكل من السامع والقارىء، فالطفل يسمع فيردد ويقلد، ثم يتكلم كلاما لم يسمعه من قبل، وعن طريق الكلام والاستماع يستطيع أن يتصل بأفراد جماعته؛ ليقضي حاجاته اليومية ويتعرف ما لديهم من أفكار وآراء ومشاعر (خاطر ،1986).

إن المتحدث والمستمع يمارسان نشاطا لغويا نشيطا، حيث تؤثر مهارات الإرسال في مهارات الاستقبال، فالكلمة مشتركة تصدر عن متكلم ولا بد أن

يتلقفها مستمع بأذنيه وعقله، فالاستماع مهارة لا يستغني عنها إنسان، حيث يتفاعل فيها مع المتحدثين في المناقشة والمحاضرة والجدل (الزعبي،2000).

وهذا يعني أن الإقرار بالعلاقة التواصلية بين الاستماع والكلام، يضيف إلى المعلم دورا جديدا في جعل الطلاب يمارسون هاتين المهارتين بشكل تكاملي داخل الغرفة الصفية وخارجها، مع الحرص الدائم على الارتقاء بقدرتهم على التعبير الشفوي في إطار لغوي صحيح، وذلك بالمستوى الذي يمكنهم من إيصال رسالتهم إلى أقرانهم، ومجتمعهم؛ للتعبير عن ذواتهم بالشكل الصحيح، مما يولد لديهم ثقة بالنفس؛ تدفعهم لمواصلة الاتصال مع الآخرين. (العيسوي، 2003).

ومع هذا التلازم بين الاستماع والكلام، يرى الباحث أنه يمكن أن نصورها على أنهما قطبان يدوران حول محور واحد، يتحركان معا ويثبتان معا، وفي كليهما نلمس ترابطا عضويا متينا، يعكس وضع المؤثر والمتأثر بشقيه الإيجابي والسلبي، وهوالذي يتجاوز الظواهر المرئية إلى الغوص في الأعماق الخفية، ولا أدل على ذلك من قوله عز وجل:

(وَاحْلُلْ عُقْدَةً مِنْ لِسَانِي (27) يَفْقَهُوا قَوْلِي) (طه:27و28) .

أما النمو اللغوي الذي يسبق النمو القرائي،هو لايكون قبل القراءة فقط، بل أيضا فيما يتلوها من مراحل حتى تصبح القراءة وسيلة تنمو اللغة عن طريقها. (مونرو، 1983).

وتعتمد مهارات اللغة الأربع كل منها على الأخرى في علاقة نامية، فالمهارة السمعية التي بدأت عند الطفل قبل الكلام تأخذ في نموها كلما تقدم

بالقراءة، وعن طريق القراءة يستطيع الإنسان أن يخرج من حدود الجماعة الصغيرة، ليتصل بجماعة أكبر يحقق من خلالها مطالبه، ويطلع على ما يجري من أحداث وتطورات، ثم يقوم بالتعبير عنها فيما بعد (خاطر ورفاقه، 1986)، وقد أثبتت الأبحاث العلاقة بين الاستعداد للقراءة والدقة في المحادثة، كما أن المحادثة تعد أساسا لتعلم القراءة (السيد، 1996).

وأوضحت نتائج بحوث الكتابة المختلفة، بأن تدريس الكتابة يجب أن يتم من خلال سباق ذي معنى يشجع الطلبة على الكتابة ، ويزاول الدارس مهارة الكتابة عندما يجيب عن أسئلة المدرس في كتابة مواضيع التعبير والرسائل، ومعنى كفاءة الدارس لمهارة الكتابة هو قدرته على التعبير عن أفكاره بطريقة منطقية واضحة التسلسل والترابط، بحيث يستطيع أهل اللغة الأصليون قراءتها (نصر، 2003).

ويضيف Burns (1997) إلى ذلك أن الكتابة لا تتعلم إلا بعد أن يتعلم الطفل الكلام والنطق، وذلك حتى يتمكن من امتلاك ثروة لفظية قبل الكتابة، تقوده إلى التركيز على إجادة مهارات الكتابة الصحيحة، ومنها جودة الخط، والتعبير بوضوح ودقة عن الأفكار.

علاقة الكلام بالتفكير:

يقول سيسكنوف (Sesechenov) أستاذ " بافلوف" : عندما يفكر الطفل فإنه يتكلم في الوقت نفسه، فالتفكير ينتقل من خلال اللسان على الشفة، ويعتقد (Pioget) أن تفكير الطفل ينمو خلال تفاعله مع الأشياء والناس في بيئته، ويتابع (Vygotsky) الرأي بأن الكلام لدى الأطفال يكون

متمركزا حول الذات، على صورة كلام داخلي أو ما يسمى (بالتفكير)، ثم يكون اجتماعيا (يوسف،1990).

وقد أدرك المفكرون منذ أقدم العصور العلاقة بين اللغة والفكر، إذ يقول (سقراط): إن الألفاظ مفتاح التفكير، وكذلك فعل أفلاطون من بعده، وجاء أرسطو بعدهما فأرسى دعائم المنطق، وجعل غايته مساعدة العقل على التفكير السليم وعصمته من الوقوع في الزلل، وعد الألفاظ قوالب يصوغ فيها الإنسان أفكاره. وفي العصر الحديث عد البراجماتيون الألفاظ خططا للتفكير، وهذا ما أكده واطسون من المدرسة السلوكية من أن التفكير حديث ولكن دون أصوات، وأن العمليات العقلية ردود فعل جسمية ولفظية، يقوم بها الإنسان استجابة للأحداث والمواقف، وأن هذه الردود تتحول إلى حديث ضمني يظهر أثره في الحنجرة عندما يقوم الإنسان بما يسمى بالتفكير (خاطر، 1986).

ولقد اكتشف علماء النفس السوفيات الصلة العضوية بين اللغة و نشوء العمليات العقلية العليا عند الإنسان، وقد جاءت الأبحاث لتثبت ارتباطا كهربائيا بين أعضاء النطق والمراكز المخية، مما يعني أن الفكر مرتبط مع الكلمات التي هي وعاؤه المادي، وهذا يعني أن الفكر يصبح حقيقة ملموسة عبر اللغة، وأن الإدراك الإنساني ينشأ منذ الطفولة المبكرة على أساس الكلمات المنتقاة، مما يؤكد وجود رابطة عضوية بين اللغة والفكر. وقد ثبت بشكل لا يقبل الشك أن الشخص الذي يقوم بعمل عقلي معين مثل تذكر بيت من الشعر، يتحدث مع نفسه دون أن ينطق بالكلام الجهوري، مما يعني

أن العمليـات الذهنيـة تصاحبها دائمـا آثـار معينـة في أعضاء الكـلام ، وخاصة الحنجرة واللسان والشفتين (جعفر، 1991).

ويكاد يؤكد معظم التربويين الأثـر الملمـوس للغـة الشـفوية، في تطـوير التفكير، ويظهر ذلك جليا لدى الطلبة الذين يمتلكون مستويات متقدمـة مـن القدرة الكلامية، مما يتطلب مزيدا من أساليب الاستثارة للمتعلم، ووصفه في موقف يتطلب العصف الـذهني، فيرتقـي بتفكيره إلى عمليات عقلية مـن مستوى أعلى ، وينسجم ذلك مع العديد من أساليب واستراتيجيات التـدريس، التي تتطلب الأسئلة السابرة ، والمناقشات المعمقة (نصر، 1998).

ويرى الباحث أن الصوت المنطوق به دون معنـى هـو صـوت أجـوف لا يدخل في حيز اللغة؛ لأن الأصل في الصـوت أن يعبـر عـن صـورة ذهنيـة، عـلى هيئة تجريد وتعميم، وهذا يدل على أن الكلمة ليست ظاهرة صوتية فحسب بل هي أداة اجتماعية تحمـل الفكـر وتنقلـه مـن النـاس عـلى هيئـة أصـوات منطوق بها.

العلاقة بين الأنماط اللغوية والمحادثة

هناك علاقة قوية الصلة بين الأنماط اللغوية والتعبير الشفوي، فالقواعد النحوية من الوسائل المعينة على التعبير الشـفوي ،وأن مجالهـا فرصة جيـدة للتدريب على هذا النوع من التعبير؛ لأن الطالب عندما يسمع لغة ذات أنماط لغوية سليمة فإنه يحاكيها ويقلدها (جابر، 1991). ويجب على المعلـم ربـط التعبير الشـفوي بالقواعد النحوية ؛ لأن التعبـير الشـفوي يعـد مجـالا لتطبيـق الأنماط اللغوية التي تعلمها الطالب في دروس القواعد (خاطر،1986).

كما أن تنمية قدرة الطالب على التعبير السليم تتطلب تمكنه من قواعد النحو، وخلو تعبيره من الأخطاء النحوية (الصوص،2003).

ويرجع الباحثون بعض أسباب ضعف الطلاب في التعبير الشفوي، إلى المعلمين الذين لا ينمون ثروة الطلاب اللغوية السليمة، ولا يستثمرون ما في دروس اللغة من أنماط لتدريبهم على استخدامها في مواقف جديدة ومن بينها التعبير الشفوي(جابر،1991).

ثانيا: التعبير الكتابي

تعددت الدراسات والبحوث التي تناولت مهارة التعبير الكتابي في السنوات الأخيرة من القرن الماضي والقرن الحالي،واحتلت مكان الصدارة بين مهارات اللغة، لما لهذه المهارة من دور بارز في مساعدة الطلبة على تنمية قدراتهم اللغوية والعقلية معا، إذ يتفاعل فيه كل ما لدى الطلبة من وآراء وأفكار وخبرات ومهارات لإنتاج أعمال كتابية راقية من حيث الشكل والمضمون (Spanos,1992) .

ويعرف مجاور(1983) التعبير الكتابي بأنه قدرة الإنسان على أن يكتب بقوة ووضوح وحسن عرض ودقة عما يجول بفكره وخاطره ، وعما يدور في مشاعره وإحساساته، كل ذلك في تسلسل وتلاؤم وانسجام وترابط في الفكرة والأسلوب.

ويرى عصر (1997) أن التعبير الكتابي قدرة على تصور الأفكار وتصويرها في حروف وكلمات وتراكيب صحيحة نحوا، وفي أساليب متنوعة المدى والعمق والطلاقة، مع عرض تلك الأفكار بوضوح، ومعالجتها في تتابع

وتدقيق، ثم تنقيح الأفكار والتراكيب التي تعرضها بشكل يدعو إلى مزيد من الضبط وتعميق التفكير.

والتعبير الكتابي عملية لها وجهان: أحدهما ظاهر هو الحروف والكلمات والجمل والفقرات المكتوبة، والآخر ما تشير إليه هذه الكلمات من معان وأفكار متسلسلة ومرتبة ونامية معروضة بوضوح ودقة، وبهذا يكون التعبير الكتابي عملية ومهارات، أما العملية فتكون في تكوين المعاني بعد استثارتها. وتصور الأفكار، وترتيبها والموازنة بينها ورصدها بحسب معيار الأهمية والشمول والضرورة، أما المهارات فهي تصوير تلك الأفكار في صورة ظاهرة، وعرضها بوضوح، ومعالجتها بشكل مكتوب بالمهارات المساعدة مثل: اتباع نظام الفقرات، ومراعاة الهوامش والترقيم والإملاء والخط، والصياغة اللغوية الصحيحة والنحوية وحبك المقدمة والمضي نحو صلب الموضوع ثم الخاتمة (عصر،1997).

عملية الكتابة

تعد الكتابة عمليات ذهنية غاية في الصعوبة والتعقيد تقوم على الخلق والإبداع (Davidson&Wrosham,1992)، إذ تحول فيها الأفكار والمعاني والصور الذهنية المجردة لدى الكاتب إلى رموز خطية في صورة من صور التعبير الكتابي المؤثرة (Zhang,1995)، وتتطلب هذه العملية الإنتاجية تحديد الأهداف، وتوليد الأفكار وتنظيمها، وعمل المسودات، والقيام بالمراجعة اللازمة (Dex,1989)، في (نصر، 1999).

وتمر عمليات الكتابة ضمن مراحل تشكل في مجملها الكفاية في الكتابة التعبيرية، حيث تبدأ هذه العمليات بالتخطيط، ثم التأليف، وأخيرا المراجعة،

وتتطلب عملية التخطيط (Planing) قيام الكاتب بطرح الأسئلة الآتية على نفسه: لمن أكتب؟ ما الغرض من الكتابة؟ كيف سأتناول الموضوع؟ هل العناصر مدار الكتابة شاملة ومتسلسلة؟ ما التنظيم الهيكلي المناسب لطبيعة الموضوع؟ ما الأسلوب الفاعل الذي سأعتمده في إقناع القارئ بأهدافي؟

أما عملية التأليف أو البناء (Composing) فهي نتاج مجموعة من القدرات والمهارات العقلية واللغوية المتداخلة التي تجعل الكاتب قادرا على انتقاء الألفاظ المناسبة، وبناء التراكيب والجمل التي تكشف بوضوح عن المعاني والأفكار موضوع التعبير، وتقديمها إلى القارىء في شكل وحدات لغوية مترابطة، ولعل إنتاج جملة البداية، أو ما يطلق عليه جملة الفكرة الرئيسة، أو جملة الموضوع، وما يرتبط بها من أدلة، وتفاصيل مساندة هي حجر الأساس في بناء الوحدات اللغوية لموضوع الكتابة فإذا تمكن الطالب من كتابة جملة الفكرة الرئيسة، وتفصيلاتها فإنه سيكون قادرا على السير قدما في إنتاج الكتابة وتنظيمها في شكل فقرات مترابطة (Kobayahi,1990) المشار إليه في نصر (1999).

وفي أثناء ممارسة الكتابة يطيل الكاتب البحث والتأمل، ويسبر أعماق الذاكرة، ويزداد الإلحاح عليها من أجل العثور على ما يتناسب مع المعنى أو الفكرة المراد التعبير عنها، لينتقي مما اختزن فيها، أو كمن في طياتها من ألفاظ وتراكيب بحيث ينقل أفكاره وأحاسيسه في شكل أدق وأعمق، ومثل هذا البحث يتيح لكثير من العناصر اللغوية المختبئة في طيات الذاكرة أن تطفو على سطح هذه الذاكرة وتسترجع (المعتوق، 1996).

وأما عملية المراجعة (Revising) فهي الآلية التي تمكن الكاتب من إعادة النظر والتفكير فيما يكتب، وممارسة أشكال التقويم الذاتي في كل ما يتعلق بالمادة المكتوبة من حيث الشكل والمضمون والأسلوب؛ سعيا إلى إخراجها في صورة أكثر اكتمالا، فالمراجعة عملية شاملة، وليست مقتصرة على تصحيح الأخطاء اللغوية أو ممارسة عمليات الحذف والإضافة، ولكنها عملية تقويم شاملة لقدرات الكاتب في مجال إنتاج اللغة وكتابتها (Barchers,1994) من (نصر، 1999).

تنمية التعبير الكتابي

إن الكتابة عملية بنائية تراكمية عقلية منظمة، وبذلك فإن تعلمها وتعليمها يحتاجان إلى عمل استراتيجي منظم وإجرائي، يلتزم به المعلم . ومن أجل ذلك أفرز الأدب التربوي والبحث رؤى وتصورات متنوعة، تهدف كلها لتنمية التعبير الكتابي للطلبة . لهذا كان من المناسب الإشارة إلى المبادئ والمرتكزات الأساسية التي ينطلق منها تدريس التعبير الكتابي، كما يراها الكثير من الباحثين (عبد المولى، 1985؛ مقلد ، 1989؛ أبو خليل ، 1995؛ شحادته، 1996؛ الحباشنة،2006)، وهي كما يأتي:

– تحديد الأهداف المنوي تحقيقها حول المهمات الكتابية بشكل واضح ودقيق.

– التركيز على اللفظ والمعنى معا.

– تدريب الطلبة على موضوعات مختارة من الخبرات الحياتية ، لأن الكتابة من الخبرة الشخصية تدعم الإبداع.

– تنويــع موضـوعات التعبيــر، وإشراك الطلبــة في تحديـدها، وذلـك لتكون قريبة من حاجاتهم، مما ينشأ عنه إثارة دافعيـتهم، واندماجهم في المهمات الكتابية.

– اعتماد معاييـر واضحة، يحكـم مـن خلالهـا عـلى جـودة التعبـير، ويكون الطلبة على دراية بها.

– مراعــاة الفـروق الفرديـة في القـدرات والاستعدادات للكتابـة عنـد الطلبة، لكي تتبنى خطوات التنمية على أساس نفسي سليم.

– تعـود الطلبـة عـلى التقـويم الـذاتي لمـا يكتبـون في أثنـاء عمليـات المراجعة.

– استخدام استراتيجيـات تدريسـية تـتلاءم وأوضـاع الطلبـة، وبخاصـة تلك التي يؤيدها البحث التربوي مثل العمل في مجموعات.

– توظيـف التقنيـات الحديثـة المثيرة للدافعيـة، مثل أجهـزة العـرض الحديثة، وعرض اللوحات التوضيحية، والمناظر الطبيعية.

– التدريس في جو من الحرية وعدم التكلف.

– تقديم نماذج كتابية جيدة ليقتدي بها الطلبة.

وقد أفاد الباحث في دراسته من هذه المنطلقـات، وفي إجـراءات التدريس، والاختبارات التي أعدها.

مهارات التعبير الكتابي

يقسم المعنيون بتعليم اللغات التعبير الكتابي إلى نوعين التعبير الإبداعي، والتعبير الوظيفي، ويشيرون إلى أن الأول (التعبير الإبداعي) هو تعبير عـن الذات في المقام الأول، والثاني(التعبير الوظيفي) تعبير عـن الحاجـات ، وقضاء الأغراض، ومطالب الأفراد والجماعـات في شتى مصاريف الحياة اليومية في المجتمع.

ويأتي هذا التقسيم لغرض الإيضاح والتعليم لـيس إلا؛ لأن كـلا النـوعين يتطلب المهارات اللازمة للكتابـة نفسـها، فضلا عـن أن الحـدود الفاصـلة بـين التعبيرين ليست واضحة، ولا حدية، وإنما يكون الأمـر متـداخلا بينهما ، وقد يلجأ المعبر وظيفيا إلى تضمين رسالته – مثلا- مقطعـا إبداعيا، كـما قـد يعبر المبدع عن رغبته وحاجاته في سياق كتابته الإبداعية.

وفي ضوء ما سبق ، فالكتابـة لـيس شرطا أن تكـون إبداعيـة أو وظيفيـة، وإنما هي إنتاج له مواصفات وشروط متفق عليها؛ لأن الأصل في تعليم التعبير أن يتمكن الطلاب من مهارات التعبير الكتابي كافة بغض النظر عن النوع سواء أكان وظيفيا أم إبداعيا، فالقضية في تعليم التعبير المكتوب ليس عددا مكتوبا، وإنما مضمون مكتوب بمهارات متقنة إلى حد معقول ومقبول.

وللكتابة أشكال ومستويات مختلفة ، وتتكون مهارة الكتابة من مهارات فرعية ، ومن الجدير بالذكر أن هذه المهـارات والأشـكال تتـداخل فيما بينها وتقوم على علاقة وثيقة وكل مهارة لا يمكن أن تكون في معـزل عـن الأخـرى، فحتى تتم الكتابة بفاعلية ونجاح لا بد من تكامل المهارات في الموقف الكتـابي الواحد.

ويقسم الهاشمي (1995) مهارات التعبير الكتابي إلى أربعة أقسام رئيسة يندرج تحتها مهارات فرعية هي:

1- مهارات ترتبط بالمفردات وتتضمن المهارات الفرعية الآتية:

- استخدام كلمات عربية فصيحة، واختيار الكلمات المناسبة، ورسم الكلمات رسما إملائيا صحيحا، والصياغة الصرفية الصحيحة.

2- مهارات ترتبط بالتراكيب والأسلوب وتضم:

- استخدام أدوات الربط بدقة ، واكتمال أركان الجملة، وسلامة التراكيب النحوية، وصحة الأساليب المستخدمة.

3- مهارات ترتبط بالأفكار تتضمن ما يأتي:

- صحة الأفكار والمعلومات، وضوح الأفكار، استيفاء الأفكار، ترابط الأفكار وتسلسلها.

4- مهارات ترتبط بالتنظيم ويندرج تحتها:

- استخدام نظام الفقرات، استخدام علامات الترقيم، وضوح الخط، سلامة الهوامش وتناسبها.

وأوردت شناق (2000) قائمة بمهارات التعبير الكتابي حددتها فيما يأتي:

- تحليل الموضوع إلى عناصر أساسية، الربط بين جملتين بأحد الألفاظ الرابطة، استخدام الكلمة الجامعة لمعان عدة، استدعاء معان منتمية إلى فكرة مطروحة، تحسين الصياغة اللغوية باستخدام المحسنات البيانية، إعداد مقدمة مناسبة للموضوع ، تصويب الأخطاء الإملائية، استخدام ألفاظ دالة على

الذاتية، إعداد خاتمة مناسبة لموضوع، توسيع جملة أو عبارة بالإضافة، تفسير معنى بجمل وتراكيب مترابطة، استخدام علامات الترقيم ، بناء فقرة حول فكرة رئيسة محددة ، إكمال قصة قصيرة مفتوحة النهاية، وتأليف جملة من عدد من الكلمات ،استخدام المعاني المختلفة المحتملة للمفردة، التعليق على موقف أو موضوع محدد، وبناء جمل لحقائق، بناء جمل لآراء، وبناء جمل لأنماط لغوية متنوعة ، استخدام المعنى المجازي ، استخدام المترادفات، ترتيب جمل مبعثرة في ضوء العلاقات القائمة بينها.

ويجمل مجاور (1983) المهارات التي يجب أن يدرب عليها الطلاب في المرحلة االأساسية وهي:

أولا: اللفظ:

— اختيار اللفظ الملائم ، ومراعاة التلاؤم بين الألفاظ، ومناسبة الكلمة للمقام.

ثانيا : في الجملة:

— اختيار الجملة الملائمة، والربط الجيد بين الجمل، وإدراك العلاقة بين الجمل، وفهم معاني المفردات، وإدراك الفكرة التي تعبر عنها الجملة.

ثالثا: الفقرة:

— كتابة فقرة تعبر عن فكرة، كتابة تلخيص ، كتابة شرح سهل مع استعمال الأمثلة والتفاصيل المناسبة، كتابة عدد من الفقرات المترابطة ببعضها، وكتابة قصة أو وصف قصير، تدعيم الأفكار وتأييدها وشرحها، القدرة على كتابة فقرات في نظام بحسب الأهمية ، كتابة فقرة تصف مكانا أو شخصا مع

التفاصيل والشرح المرتب بحسب تأثيره، استعمال الأساليب استعمالا صحيحا من حيث اللغة والقواعد، كتابة تقرير قصير، كتابة فقرة تكشف عن إحساس ذاتي أو رد فعل شخصي، كتابة فقرة وصفية لمكان باستعمال نظام خاص لترتيب التفاصيل، كتابة فقرات لبيان وجهة النظر، كتابة فقرات تبين المقابله والمفاضلة ، وكتابة فقرات تبين الأثر والنتيجة والعلاقة بينهما، وكتابة عدد من فقرات الشرح والوصف والقصة والمقابلة والمفاضلة ووجهة النظر في وصف أو رد الفعل، كتابة فقرة توضح تقسيما أو توزيعا، انتقاء الملائم من الفقرات.

واستنادا إلى ما سبق، وبالرجوع إلى وثيقة الخطوط العريضة المستخدمة في الأردن (1994)، والاطلاع على الأدب التربوي والنظري، والعودة إلى الدراسات السابقة مثل دراسة العثمان (1999) ، ودراسة الملاحي (2001)، ودراسة شناق (2000) التي تتناول مهارات التعبير الكتابي فيما تخص طلبة المرحلة الأساسي، أعد الباحث قائمة بمهارات التعبير الكتابي تناسب هذا الصف وهي:

− القدرة على تصنيف الأفكار حسب الأهمية.

− القدرة على تدعيم الفكرة الأساسية بمجموعة أفكار فرعية.

− القدرة على أبراز الأفكار الرئيسة.

− استعمال علامات الترقيم استعمالا صحيحا.

− وضوح خطه.

− تقيده بنظام الفقرات.

− تقسيمه الموضوع إلى مقدمة ،عرض ، خاتمة.

- القدرة على توليد الأفكار.

- القدرة على ضبط الكلمات المكتوبة ضبطا صحيحا.

- اختياره للكلمات المألوفة واستبعاده المفردات الغريبة.

- القدرة على استخدام أدوات الربط المناسبة.

- القدرة على بناء الفقرات.

أما في الأردن فقد كشفت نتائج بعض الدراسات التي أجريت وجود ضعف في القدرة الكتابية لدى طلاب الحلقة الأولى، والثانية(نصرـ 1995؛ العثمان،1999؛ شناق،2000؛ أبو رزق،1999).

إن الطريقة المتبعة التي يقوم بها المعلم في تدريس التعبير الكتابي تبـدأ بكتابة عنوان الموضوع على السبورة، أو يملي على الطـلاب، ثم يحـدد المعلـم ويكتب العناصر الأساسية للموضوع مـن خـلال إدارة حـوار ومناقشـة مـع الطلاب، ثم يطلب منهم أن يكتبوا الموضوع إما في الحصـة، وإمـا في منازلهم على أن يحضروا الكراسات في حصة أخرى تالية وقد يكون هذا بعد أسبوع.

أما نصيب التعبير من الخطة الدراسـية لفـروع اللغـة العربيـة بالمرحلـة الأساسية، فقد حدده دليل معلـم اللغة العربيـة للمرحلـة الأساسية، ومنهـاج اللغة العربية للمرحلة الأساسية في الأردن بحصة واحدة في الأسبوع لكل صـف من صفوف الحلقة الثانية.

وثمـة اعتقـاد خطـأ بـين المعلمـين مـؤداه أن التعبـير الكتـابي لا مجـال لتدريسه إلا في حصص اللغـة العربيـة، وعـلى أيـدي معلمـي اللغـة العربيـة وحدهم دون سواهم، وأن ما عدا حصص اللغة لا صلة له بالتعبير الكتابي،

ولا شأن لمعلمي غير اللغة العربية بالحرص على تجويد كتابات الطلاب في المواد الدراسية المختلفة، فالكثير منهم - إن لم يكن كلهم - يتجاوزون عن أخطاء الطلاب في الشكل المكتوب ومضمونه، فيضيعون بذلك فرصة التغذية الراجعة على الطلاب.

إن حدود هذه الظاهرة لا تقف عند المدرسة العربية فقد بل تتعداها لتصل إلى المدارس الأخرى في العالم، فقد كشفت نتائج المسح الذي أجري في الولايات المتحدة الأمريكية لمعرفة مدى التحسن في قدرات الطلبة على إنتاج اللغة المكتوبة بعد تطبيق مئات المشروعات، والبرامج المتخصصة في حقل الإنشاء إلى أن 3% فقط من نشاطات الكتابة التي أنتجها الطلبة بصورة جيدة كانت بطول فقرة واحدة، وأن الكتابة في المدارس ما زالت تجري بصورة عشوائية (Applebee,1981) ، (نصر 1999).

علاقة التعبير الكتابي بمهارات اللغة الأخرى

أثبتت البحوث والدراسات مدى العلاقة التكاملية بين الكتابة ومهارات اللغة الأخرى، فمن غير الطبيعي فصل مهارات اللغة بعضها عن البعض، فعند الحديث عن مهارات الإنتاج المتمثلة (بالكلام والكتابة)، وعن مهارات الاستقبال المتمثلة (بالقراءة والاستماع) يلاحظ أن هناك ارتباطا وثيقا بينهما، فكل منهما يؤثر في الآخر ويتأثر بها، فالمتحدث يعكس في حديثه لغة الاستماع التي يسمعها في البيت والبيئة، وبالمقابل تؤثر لهجة المتحدث وأداؤه وانسيابه، وطلاقته في المستمع فتدفعه إلى محاكاتها، كما أن الدقة في المحادثة تكتسب بالاستماع الدقيق إلى المتحدث ، والمتحدث الجيد هو كاتب جيد، والمستمع الجيد الذي يملك فنيات الإصغاء حتما سيفيد مما

يستمع إليه في كتاباته، والقارىء الجيد يستطيع توظيف ما يقرا في كتاباته (السيد، 1996).

وتظهر العلاقة بين الاستماع والكتابة في أن المستمع الجيد يتمكن من التمييز بين أصوات الحروف، فيستطيع كتابتها، وكتابة كلماتها صحيحة، كما أن الاستماع الجيد يزيد الثروة اللفظية فينعكس ذلك كله على التعبير الكتابي فيما بعد ؛ إذ إن المستمع الجيد غالبا ما يكون كاتبا جيدا، وذلك لأنه يرغب في الاستفادة من فكر المتحدثين وآرائهم فيدونها للاستفادة منها عند الضرورة، وهذه العلاقة الإيجابية بين الاستماع والكتابة أكدت في دراسة مدكور(1990) من تأثير الاستماع إلى نصوص أدبية باللغة العربية في مستوى الأداء في التعبير الكتابي(مجاور،1976 ؛ مدكور 1990).

أما ما يتعلق بعلاقة الكتابة بالقراءة فمن الصعب جدا عزل تعليم القراءة عن تعليم الكتابة؛ لأن المبتدئ في أثناء تعلمه القراءة قصدا يتعلم بطريقة عرضية رسم الحرف والكلمات، ولكي نتمكن من الحصول على قراءة فاعلة، ونعمل على تحسين استيعاب المقروء لابد من أن نقرن عملية القراءة بالكتابة، كأن يضع الطالب خطا تحت جملة أو عبارة ما، أو أن يقوم بتلخيص ما قرأه، إذ وجد أن الطلبة الذين تمكنوا من وضع عنوان للفقرة وملخص قد أظهروا استيعابا واستدعاء أكثر للمعلومات من الذين لم يمارسوا هذه العملية(نصر،1990).

والقراءة والكتابة عمليتان متكاملتان فأثناء القراءة يقوم الطالب بتعرف معنى المقروء معتمدا في ذلك على بناء علاقات بين أجزاء النص وعلى خبراته السابقة. أما في حالة الكتابة فيحاول الكاتب استدعاء المعاني ليقوم

بتنظيمها وكتابتها في جمل وفقرات مستعينا بخبراته السابقة (Barchers,1994).

ويشير بيرن (Byrne and Stasko, 1999) إلى أن القراءة والكتابة عمليتان مترابطتان، فهما عمليتان تستخدمان للتواصل، فالقدرات الكتابية تتحسن مع تطور القدرات القرائية المختلفة، مثل معرفة كيفية بناء القصص، والقدرة على استخدام المعرفة السابقة في إيجاد معان جديدة، كذلك فإن القدرات القرائية تفيد من المهارات ذاتها مما يستخدم في عملية الكتابة مثل القدرة على مراجعة تفكير الفرد في الحذف أو الإضافة المتعلقين بالمعلومات، كذلك التنبوء والتخطيط للأفكار المكتوبة وتلخيص المعلومات .

ويرى بعضهم أن التعبير نوع من قراءة الأفكار وقراءة المعاني، أو هو قراءة الباطن، وبحسب وضوح المقروء ومهارات الوعي والتدقيق تكون جودة التعبير، وعمقه وشموله (عصر،1999).

إن القراءة تمكن الكاتب من الانطلاق في التعبير والانسياب فيه؛ لأنها من أهم مصادر التعبير الكتابي، وبقدر ما يركز المعلم على القراءة، و ما يقدم لطلابه من مادة للقراءة يحبونها ويميلون إليها، يكون قد أسهم إسهاما كبيرا ، ليس في تنمية المهارات اللغوية في القراءة فحسب، بل وفي تنمية مهارات الكتابة.

وتشترك القراءة والكتابة في مكوناتهما، فكلاهما يشير إلى عملية إنشاء الكتاب، فهم ينشئون المعنى عندما يسجلون أفكارهم على الورق، بينما ينشىء القراء المعنى عندما يواجهون النص المقروء، فالطلاب الذين يعدون قراء أقوياء عادة هم كتاب أقوياء، والكتاب الجيدون يقرؤون أكثر فينتجون

مادة لغوية ناضجة وأكثر تعقيدا، والقراءة ذات المحتوى الجيد توفر للطلبة قراءة أعمال كتاب ذوي خبرة، والقارىء والكاتب كلاهما يشتركان في استخدام استراتيجيات أدارك الكلمات، ويفهمون بناء اللغة وينظمون الأفكار، ويطبقون الخلفية المعرفية، ويدركون أن الغرض من النص هو فهمه، وأن الكتابة والقراءة هما عمليتا نقل المعنى وإيجاده (Zamel,1992).

ويعد التعبير الشفوي الأساس الذي يبني عليه التعبير الكتابي، ولا يتأتى النجاح في التعبير الكتابي إذا لم يعتن الاعتناء اللازم بالتعبير الشفوي، ولذلك يبدأ به المعلمون، وكثير منهم يفضل أن يبدأ به حتى في الموضوعات التي سيكلف الطلاب الاختيار من بينها والكتابة فيها (حجاب،2000).

وتأتي أهمية المحادثة باعتبارها الأسلوب الطبيعي للتعامل في الحياة، فالناس يتحدثون أكثر مما يكتبون، والإنسان في تعامله مع الآخرين لا بد أن يتحدث إليهم، وأن يتحدثوا إليه، وأن يستمع إليهم، وللمدرس دوره في تدريب الطلاب على ذلك عن طريق الممارسة في حصة التعبير (Duzer ، 1997).

إن العلاقة بين التعبير الشفوي والكتابي ناتجة من كون التعبير يؤدى بطريقتين: طريقة كلامية، وطريقة كتابية فالمتعلم الجيد في التعبير الشفوي عادة ما يكون جيدا في التعبير الكتابي، ولكن ربما يستخدم المتعلم في كلا التعبيرين استراتيجيات تختلف في التعبير الشفوي عنها في التعبير الكتابي . وقد أشار الكندري (2004) إلى أن التقارب بين لغة الحديث ولغة الكتابة في الإجادة الفنية واللغوية لا يكون إلا في المراحل المتقدمة من التعلم، إذ من

الطبيعي بالنسبة للطالب المبتدىء أن تساير كتابته نمط حديثه العادي دون اختلاف كبير بينهما.

والكلام والكتابة نمطا تواصل رئيسان في اللغة، ولكل منهما تركيبة وسماته السياقية الحادثة في مجراه، فالكلام هو النمط اللغوي الذي نتواصل به، وأن الكتابة ليست إلا تمثيلا للكلام المنطوي.

ولا تقل أهمية التعبير الكتابي عن أهمية التعبير الشفوي ، بل إن من أبرز هموم معلم اللغة العربية أن يعلم الطلاب الكتابة الواضحة بأسلوب صحيح يكشف عن المعنى المقصود الذي يرغب الكاتب في أن يوصله إلى القارىء . وهنا يكمن الفرق بين الحديث والكتابة ، ففي الحديث يمكن للمتحدث أن يعدل من أفكاره لتفهم مراميه، أما الكتابة فلا يمكن للكاتب أن يفهم كتاباته كل قارىء على حدة ، ومن هنا كانت مهارات الدقة، والوضوح، وحسن العرض، والترتيب من أهم الأمور التي ينبغي أن يعنى بها الكاتب(الناقة،1982).

وعلى هذا فاللغة في مظاهرها كافة وفي عمقها دورة لا تتوقف، ولا ينفصل بعضها عن بعض في فنونها كافة استماعا، وتحدثا، وقراءة، وكتابة ، فاللغة تبدأ من أي من هذه الفنون، وتتفاعل مع بقيتها، ولا يستغني فيها أحدها عن الآخر؛ فكل منها صالح أن يكون نتيجة لغيره، وأساسا لما يليه.

وهكذا توجد علاقة قوية بين وسائل الاتصال كلها ، والعناية بإحداها عناية بهذه الوسائل كلها، فاللغة لا فواصل بين مهاراتها ولا حدود بين استعمالاتها، والوحدة العضوية للغة قائمة، وتجزئتها عملية غير طبيعة إلا بالقدر الذي يؤكد مهارات لغوية معينة، ويحقق اتقانا لتلك المهارات

(عصر،1997؛ مجاور،2000) والشكل الآتي يوضح العلاقـة التكامليـة بـين فنون اللغة.

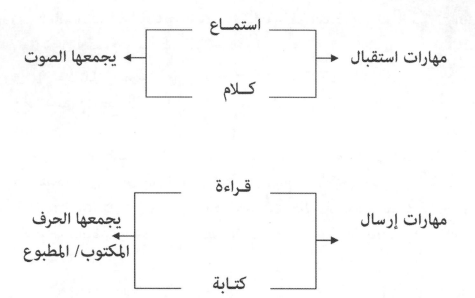

شكل 1 :

العلاقة التكاملية بين فنون اللغة

الكتابة والتفكير

يخطئ الكثيرون عندما يظنون أن الكتابة مجرد أداء فيزيقي جسدي، بل هي رحلة تفكير فيها السماح بارتكاب الأخطاء ، والقدرة على تصويبها وتداركها، وتبدأ عملية الكتابة لا بالنسخ، وإنما بالتفكير في الرسالة المراد إبلاغ الآخرين إياها، وإفراغ مضمونها في مجريات عملية النسخ، وتحديد الجمهور الذي سيستقبل الرسالة.

والكاتب قبل عملية الكتابة يلجأ إلى تحديد التصور العقلي للرسالة في صورة مخطط مجرد من الأفكار الكبرى والفروع المتشعبة عنها، ومثل هذا المخطط يعكس التطور العقلي لدى الكاتب في تدقيقه وتسلسله وترابطه واتصاله، ويعد بمنزلة فروض يحققها الكاتب في كتابته، ليعود إلى فحص فروضه، ومدى تحقيقها فيما يكتب . ومن خلال هذا المخطط يمكن التعرف إلى المدخل المتبع في الكتابة ذاتها، ومن ثم يحدد ما يعرفه الكاتب عن موضوعه قبل الشروع في الكتابة، وبماذا يشعر تجاه الموضوع، وهذان أمران وثيقا الصلة بنصفي المخ، حيث يعنى الأيمن بالكتابة فيما نعرفه ، ويعنى الأيسر بالكتابة فيما نشعر به (عصر، 1999).

ومن أهم ما تمتاز به الكلمة المكتوبة باعتبار كينونتها اللغوية المطلقة أنها مادة لأشكال التفكيريين : الناقد والابتكاري، وعندما يكتب الصغار لغرض ما ، فإنهم يعرضون في كتاباتهم أشكال ذكائهم ، ومزيدا من تطورهم وإبداعهم.

وليس التعبير الكتابي أداة من أدوات الاتصال فحسب ، لكنه أيضا أداة لتسهيل عملية التفكير؛ إذ يتيح الفرصة أمام المتعلم لشحذ أفكاره ، واستدعاء

ما لديه من ثروة لغوية ليصب فيها أفكاره مرتبة ومنسقة وحسنة الصياغة (الناقة و يونس ، 1982).

وفي صياغة التعبير رياضة للذهن؛ لأن الكثير من الأفكار والمعاني تكون غامضة في الذهن وغير محددة، وعندها يقابل الإنسان بموضوعات تتحداه وتتطلب منه الإيجاز والإعداد ، يضطر إلى أعمال الذهن لتحديدها وتوضيحها، والقصد إليها، والكتابة فيها (أحمد، 1993). ويشير بعض الباحثين إلى أن التعبير ليس مجرد وظيفة ميكانيكية ، ومعاني كلمات لبناء الجملة، ولكن توجد هناك علاقة بين الكتابة والتفكير والاكتشاف ، وإعادة الكتابة والتنظيم ؛ لأن الكتابة تحتوي على لغة الثقافة والتعليم (1991، . (Halimah

وحول ماهية التعبير الكتابي يذكر مورا (Murau,1992) المشار إليه في نصر (1999) أن التعبير ما هو إلا عمليات ذهنية أدائية غاية في الصعوبة والتعقيد، إذ تحول خلاله الأفكار والمعاني والصور الذهنية المجردة لدى الكاتب إلى رموز خطية في صورة من صور التعبيرالمؤثرة. ويؤكد نصر ـ (1999) هذا التوجه الذي يرى أن التعبير الكتابي عمليات بنائية تراكمية؛ سواء ما تعلق منها بالشكل ، أم ما تعلق منها بالمحتوى. أي أن عمليات الكتابة تتضمن التفكير ، وما يلازمه من اضطراب أو تنظيم أو تحسين. وهي من بين الوسائل الفاعلة في إكساب الطلبة مهارات ذهنية متنوعة، وأنماط مختلفة من التفكير العلمي الإبداعي. والكتابة الفاعلة كالقراءة الجيدة تعمل على تحسين العمليات الذهنية المؤدية إلى توليد المعاني.

ثالثا: الوسائط المتعددة Multimedia

ظهرت في الفترة الأخيرة برمجيات الوسائط المتعددة (**Multimedia**) التي تمتزج فيها الرسومات والأصوات والحركة معا، ومن شأن هذه البرامج أن توفر ما ينشده الطالب من المتعة والفائدة، إذ تعرض المادة الدراسية على شكل برمجيات تتضمن نصوصا معينة ، ورسوما ثابتة ومتحركة ، ملونة وغير ملونة، وقد يرافق ذلك صوت: كالموسيقى أو قراءة النص، وهي بذلك تختصر الوقت والجهد لدى المتعلمين، وتسهم في تنمية التفكير لديهم، فالمتعلم يتحكم في سير عملية تعلمه، ويمتلك فرصة أكبر لتثبيت معلوماته؛ إذ يستقبلها بأكثر من حاسة، لكثرة الوسائط المستخدمة في توصيلها، زيادة على إمكانية العودة إلى القاعدة أكثر من مرة، وذلك حسب مما يساعد على تثبيتها في ذهنه (صالح،2001).

إن العبرة من البرامج المتعددة الوسائط ليست في تعددها وتنوعها بصرف النظر عن قيمتها في خدمة الموضوع المعروض، وارتباطها بالمحتوى المراد عرضه، وملاءمتها للهدف المنشود، بل في مدى استثمارها لتحقيق الغاية المرجوة منها، مثل رفع دافعية المتعلم (Heiman,1995) وتوظيفها لمن يعانون من صعوبات قرائية (Knight, 2001) وزيادة فاعلية تعلم المفردات واستيعاب المهارات الأساسية.

ولقد ورد العديد من التعريفات لمفهوم الوسائط المتعددة: فقد عرفها بففر بيرجر (Pfafferbergerو1994) بأنها طريقة لتقديم المعلومات ، أو تمثيلها ، تعتمد أساسا على تقنيات الحواسيب ، وذلك عبر استخدام أكثر من وسيط واحد من وسائط الاتصال، والتركيز على الطابع التفاعلي لها.

والوسائط المتعددة تمزج ما بين النصوص المكتوبة والبيانات والرسوم والصوت. أما نجار(Naggar ,1996) فقد أشار إلى استخدام النص والرسوم والبيانات والحركة والصور والفيديو، والصوت لتقديم المعلومات بشكل متكامل ومتوافق وواقعي في تطبيقات التعلم المستندة إلى الحاسوب. ويعرفها هوجز Hoges بأنها تكوين من الصور والصوت والنصوص والرسوم وكلها تتضافر لتعطي القدرات الفعالة للوسائط المتعددة (عزمي ، 2001). ويعرفها حجازي (2001) بأنها نسيج من النص والرسوم الثابتة والمتحركة والصور والصوت، وينظم هذا النسيج وفق تعليمات إحدى أدوات البرمجة.

ويضيف فرير وهيرتشبول (Frear,& Hirschbuhl ,1999) بأنها استخدام تقنيات الحاسوب مضافا إليها النص والأشكال والحركة والصوت والفيديو، وليس بالضرورة جميعها. أما الفار (2000) فيرى أنها عبارة عن برامج تتضمن الصورة الثابتة والمتحركة ولقطات الفيديو والألوان المختلفة وأشكال النصوص والمؤثرات الصوتية وتنوع المثيرات والألعاب التعليمية والمحاكاة وتنويع الأمثلة والتدريبات.

وتعد العناصر الآتية أبرز عناصر الوسائط المتعددة (الفار، 2002):

أولا: النصوص المكتوبة Text

لا يمكن أن نتخيل برنامجا للوسائط المتعددة دون نصوص مكتوبة تظهر على هيئة فقرات منظمة على شاشة لتعريف المستخدم بأهداف البرنامج، أو إعطاء إرشادات وتوجيهات للمستخدم.

ثانيا: اللغة المنطوقة والمسموعة Spoken Words

وتتمثل في صورة أحاديث مسموعة منطوقة بلغة ما تنبعث من السماعات الملحقة بجهاز الحاسوب، وقد تستخدم لمصاحبة رسم يظهر على الشاشة أو إعطاء التوجيهات والإرشادات للمتعلم.

ثالثا: الموسيقى والمؤثرات الصوتية Music and Sound

وهي أصوات موسيقية تصاحب المثيرات البصرية التي تظهر على الشاشة ، ويمكن أن تكون مؤثرات خاصة مثل: أصوات الرياح والأمطار والحيوانات والآلات.

رابعا: الرسومات التوضيحية Graphics

هي تغيرات تكوينية بالخطوط والأشكال تظهر في صور رسوم بيانية خطية أو دائرية، أو بالأعمدة أو بالصورة أو لوحات زمنية وشجرية، أو رسوم كاريكاتورية، وقد تكون رسوما منتجة بوساطة الحاسوب أو جاهزة.

خامسا: الصور الثابتة Still Pictures

وهي لقطات ساكنة لأشياء حقيقية يمكن عرضها لأية فترة زمنية، وقد تؤخذ في أثناء الإنتاج من الكتب والمراجع والمجلات أوعن طريق الماسح الضوئي (Scanner) عند نقلها إلى الحاسوب ، ويمكن أن تكون ملونة.

سادسا : لقطات الفيديو Video Clip

وتظهر في صورة لقطات فيلمية متحركة سجلت بطريقة رقمية (Digital) ، تعرض بطريقة رقمية أيضا، وتتعدد مصادرها لتشمل كاميرات

الفيديو وعروض التلفاز وأسطوانات الفيديو، ويمكن تسريع هذه اللقطات وإيقافها، وإرجاعها.

سابعا : الرسوم المتحركة Cartoon

يمكن للكمبيوتر في برامج الوسائط المتعددة أن يقوم بإنتاج الرسوم المتحركة بالأسلوب التقليدي نفسه ، فيتم أولا رسم شكل أولي وتعديله وتلوينه باستخدام أدوات الرسم بالحاسوب عن طريق برنامج الرسوم المتحركة، ويتم التحكم في تحريك الرسوم المتحركة ، ويتم التحكم في تحريك الرسوم التي يتم إعدادها بسرعة معينة أو نقلها من نقطة إلى أخرى على الشاشة.

ثامنا : الواقع الافتراضي Virtual Reality

ويمثل ذلك بإظهار الأشياء الثابتة والمتحركة وكأنها في عالمها الحقيقي من حيث التجسيد والحركة والإحساس بها.

إن استخدام الحاسوب بوسائطه المتعددة في عملية التعلم والتعليم ، وعرض الموضوعات الدراسية على برمجيات تعليمية مصممة حسب مبادئ تربوية معينة يحقق الفوائد الآتية:

1- يرفع من درجة انتباه المتعلمين واهتمامهم ، ويبقي الطلبة في حالة تحفز وهم يتابعون الصور والتأثيرات الصوتية وأية معلومات أخرى (عزمي، 2001).

2- يوفر إمكانية توجيه المتعلم ومساعدته في صياغة أفكار جديدة ، وربطها بخبراته التعليمية السابقة، وتساعد في تذكر المادة

التعليمية والاحتفاظ بها، وخزنها لفترة طويلة، وجعل خبراته ذات أثر باق (الفراء، 1999).

3- تثير النشاط العقلي ، بما تحمله من عناصر تشويق ، وإشاعة حب الاستطلاع لدى المتعلم (سلامة ، 2000).

4- فاعلية في زيادة التحصيل ، ففي دراسة تحليلية قام بها كوتون (otton,1997 أشارت النتائج إلى أن استخدام الحاسوب في التدريس قد رفع معدل التحصيل في مختلف المواد الدراسية.

5- يستطيع المتعلم استخدام البرنامج التعليمي متعدد الوسائط في وقت ؛ لمراجعة ومشاهدة الدروس التي لم يتمكن من حضورها.

6- يقدم تغذية راجعة فورية ؛ مما يعمق عملية الفهم والإدراك؛ لأن التغذية الراجعة تعزز التعلم وتصححه(عموره، 1999).

7- إن استخدام الوسائط المتعددة يختصر الوقت وقت التعلم ، ويطور الاتجاهات العلمية ، ويزيد من نسبة حضور الطلبة (Cotton, 1997).

8- يساعد على حل بعض المشكلات التي تظهر في أثناء الدراسة ، لابل إنه يسمح بإشراك أكثر من معلم في عرض الدرس(إبراهيم ، 2001).

ويضيف إلين وجودث ومارشيا (Eleen, Judith, Marcia,1993) أن الوسائط المتعددة تساعد الطلبة على ربط أجزاء المعرفة

العلمية، حيث أنها توفر قدرا من التكامل ، وتجمع العديد من المعارف في وحدة واحدة متكاملة .

ويرى قمبر(1997) أن اعتماد تكنولوجيا إلكترونية متطورة ، يمكن أن تحول الاهتمام من التعليم إلى التعلم ، ومن اللفظ إلى النشاط، ومن ملء الذاكرة إلى شحذ الذهن ، ومن الإملاء إلى البحث ، ومن الكتاب المطبوع إلى الكتاب الإلكتروني.

ثانيا: الدراسات ذات الصلة

تناول الباحث عددا من الدراسات ذات الصلة بموضوع الدراسة على ندرتها ، وستعرض ضمن محور ين:

– الدراسات التي تناولت أثر برنامج تعليمي قائم على الوسائط المتعددة في تنمية مهارات التحدث.

– الدراسات التي تناولت أثر برنامج تعليمي قائم على الوسائط المتعددة في تنمية مهارات الكتابة.

وستعرض الدراسات في كل محور حسب التسلسل الزمني عربية وأجنبية، ثم يختم الباحث هذا العرض بتعقيب عام حولها .

أولا : الدراسات التي تناولت أثر برنامج تعليمي قائم على الوسائط المتعددة في تنمية مهارات التحدث.

أجرى أبو حرب (1990) دراسة هدفت إلى استقصاء أثر التمثيل الحركي للنصوص اللغوية في قدرات التعبير الشفوي عند طلبة الصف الثاني الأساسي في الأردن ، وبيان أثر تعليم النصوص اللغوية باختلاف الجنس ، وتألفت العينة من (92) طالبا وطالبة في الصف الثاني الأساسي ، اختيروا من مدرستين من مجتمع الدراسة ، قسمت العينة إلى مجموعتين ضابطة وتجريبية، وقد درست المجموعة التجريبية التعبير الشفوي بأسلوب التمثيل الحركي على يد معلم ومعلمة دربهما الباحث ، وفق مذكرات أعدت خصيصا لهذا الغرض ، أما المجموعة الضابطة فقد درست التعبير الشفوي على يد معلم ومعلمة بالطريقة العادية ، واستغرق تطبيق التجربة فصلا دراسيا كاملا .

أظهرت النتائج تفوق المجموعة التجريبية على المجموعة الضابطة في قدرات التعبير الشفوي ، كما أظهرت تفوق الذكور على الإناث ، حيث تبين وجود فروق ذات دلالة إحصائية لصالح المجموعة التجريبية ، وأن الطلاب في المجموعة تقبلوا النصوص اللغوية التي تم تمثيلها دراميا ، مما زاد من قدراتهم في التعبير الشفوي .

وقام الجبالي (1996) بإجراء دراسة ، هدفت إلى تعرف مدى فعالية استخدام تمثيل الأدوار والصور في تطوير مهارة التكلم من حيث اللفظ، والقواعد وانتقاء المفردات والطلاقة في الكلام ، والاستيعاب لدى طلبة

الصف العاشر الأساسي في الأردن ، ومعرفة أي الأسلوبين المبنيين (تمثيل الأدوار، والصور) أفضل في تطوير مهارة التكلم لدى طلبة الصف العاشر .

وتكونت العينة من (50) طالبا موزعين على ثلاث شعب، منها اثنتان تجريبيتان والثالثة ضابطة . وقد استخدم الباحث تحليل التباين الأحادي لتحليل نتائج أفراد العينة على الاختبار القبلي ، واستخدم اختبار (ت) لتحليل النتائج على الاختبار البعدي .

وتوصلت الدراسة إلى إحراز أفراد المجموعتين التجريبيتين تقدما حسب نتائج الاختبار البعدي، بالمقارنة مع نتائج الاختبار القبلي ، ولكن هذا التقدم لم يكن دالا إحصائيا ، كما أظهرت الدراسة أن استخدام الصور أكثر ملاءمة من استخدام تمثيل الأدوار في تطوير مهارات الكلام

وقام نيكولوفا (NIKOLOVA, 2002) بدراسة هدفت إلى تقصي ـ أثر تعلم مفردات اللغة الفرنسية كلغة ثانية من خلال الوسائط المتعددة على إكساب اللغة ، بدراسة نصوص أصلية محملة من الإنترنت مثل الطرائف والألغاز وذلك لزيادة الدافعية نحو التعلم ، ولإضافة جو من المتعة والسرور إلى نفوس الطلبة ، وليكون للطالب دور نشط في امتلاك المفردات إضافة إلى سهولة الفهم . وتكونت عينة الدراسة من (30) مشاركا لكل مجموعة من طلبة السنة الثانية ، مدة ثلاثة أيام، بواقع (90) دقيقة لكل مجموعة ، وتأكد الباحث من تكافؤ المجموعتين بعمل اختبار قبلي ، ثم قسم الباحث الطلبة إلى مجموعتين ، تلقت الأولى منها المادة التعليمية ،وهي نصوص محملة من الإنترنت بإضافة (20) كلمة جديدة لم يتم تناولها في الدروس الصفية ، وتقديم شروح لها بالصوت والصورة عندما يقوم الطالب بالنقر عليها ، أما

المجموعة الضابطة فعندما تقوم بالنقر على الكلمات الجديدة فإنها تتمكن من رؤية ترجمة الكلمة من القواميس الإلكترونية (فرنسية ، إنجليزية) ورؤية تذييلات وهوامش للكلمات ، وبعد انتهاء مدة التجربة قدم الباحث لطلبة المجموعتين اختبارا بعديا فكانت النتائج لصالح المجموعة التجريبية ، وبعد شهر أعاد الباحث الاختبار مرة أخرى فوجد أن الاحتفاظ عند المجموعة التجريبية كان أفضل .

وقام حماد وقورة (2004) بدراسة وصفية هدفت إلى الكشف عن دور التكنولوجيا في تنمية الاستعداد القرائي والاتجاه نحوها لدى رياض الأطفال بمحافظة غزة ، وتقديم تصور مقترح لتطوير طرائق استخدام التكنولوجيا في رياض الأطفال. وأكد الباحثان بعد استعراضهما للأدب التربوي أهمية استخدام التاكنولوجيا في تنمية الاستعداد القرائي والاتجاه نحوها، والسرعة في القراءة، إلا أن تدريس القراءة في محافظات غزة ما يزال يستخدم الأسلوب التقليدي بعيدا عما يجري في البلاد المتطورة والمتقدمة، وذلك بسبب افتقار رياض الأطفال إلى أجهزة التكنولوجية الحديثة في التعلم، كما أنها غير مهيأة لاستخدام مثل هذه الأجهزة.

قدم الباحثان تصورا لاستخدام التكنولوجيا في رياض الأطفال في ظل تحسن الظروف التعليمية القائمة على الحاسوب الذي يعد أحد أبرز الوسائل التعليمية لما له من خصائص تفاعلية، وقدرته على مواجهة الظروف الفردية بين المتعلمين، وإمكانية تعلم الطالب الكلمة المنطوقة والمكتوبة ، وتصويبها في حالة وقوعه في الخطأ، فكل استجابة من التلميذ لها تأثير إيجابي سواء أكان ذلك في إمكانية الانتقال إلى السؤال اللاحق أم في تقديم الثناء والتغذية

الراجعة وتحوله إلى برامج مساندة. ويقترح الباحثان استخدام البث التلفازي الفضائي عبر الأقمار الصناعية ، لأغراض فن التعليم ، وتلك البرامج التي يمكن توظيفها في تعليم القراءة بشكل جيد.

أجرى الطورة (2004) دراسة هدفت إلى تطبيق برنامج مبني على التدريس باللعب الدرامي وتعقب أثره في مهارات التعبير الشفوي على عينة من (97) طالبا من طلبة المرحلة الأساسية في لواء الشوبك في الأردن ، وتعرف أثر التفاعل لدى الطلبة من خلال التعبير الشفوي (التحدث) عن اختلاف طريقة التدريس ، وكما تعرف أثر التفاعل بين الطريقة والجنس والمستوى في تطوير مهارات التعبير الشفوي ، وقد فاضل الباحث بين طريقة اللعب الدرامي والطريقة السائدة في تدريس التعبير الشفوي . أسفرت الدراسة عن تفوق الطلبة الذين تم تدريسهم بطريقة اللعب الدرامي في التعبير الشفوي ، وتوصلت إلى عدم وجود فروق ذات دلالة إحصائية في التحصيل بين الذكور والإناث ، وكذلك عدم وجود فروق ذات دلالة إحصائية في التحصيل تعود إلى التفاعل بين المتغيرات الثلاثة: الطريقة ،الجنس ، المستوى الصفي .

وأجرى القطاونة (2004) دراسة في الأردن هدفت إلى بناء برنامج تعليمي محوسب لقياس فاعليته في القراءة الناقدة والاتجاه نحوها لدى طلبة الصف العاشر الأساسي في الأردن، ولتحقيق أهداف الدراسة ، اختار الباحث (84) طالبا موزعين على ثلاث مجموعات ؛ مجموعة تجريبية تدرس البرنامج بالحاسوب، وعدد طلابها (29) طالبا، ومجموعة تجريبية تدرس البرنامج من دون الحاسوب ، وعدد طلابها (28) طالبا ، ومجموع ضابطة

تدرس بالبرنامج الاعتيادي، وعدد طلابها (27) طالبا ، وبنى الباحث البرنامج التعليمي على شكلين : البرنامج التعليمي المحوسب، والبرنامج التعليمي من دون الحاسوب ، وأعد الباحث أداتين: اختبارا في مهارات القراءة الناقدة، ومقياسا للاتجاه نحو القراءة، وتحقق الباحث من صدق الأداتين وثباتهما وفق الأسس المعتمدة.

وبعد تطبيق البرنامج وتطبيق الأداتين بعديا وتحليل البيانات توصل الباحث إلى وجود فروق ذات دلالة إحصائية بين متوسطات درجات الطلاب التي درست البرنامج بالحاسوب، تفوقت المجموعتان التجريبيتان اللتان درستا بوساطة البرنامج المحوسب وغير المحوسب على المجموعة الضابطة التي درست بالبرنامج الاعتيادي، وكشفت النتائج عن عدم وجود فروق ذات دلالة إحصائية في الاتجاه نحو القراءة بين المجموعتين التجريبيتين اللتين درستا البرنامج التعليمي محوسبا وغير محوسب، ووجود فروق ذات دلالة إحصائية بين المجموعتين التجريبتين والمجموعة الضابطة في الاتجاه نحو القراءة لصالح المجموعتين التجريبيتين.

أجرى نصر والعبادي (2005) دراسة هدفت إلى تقصي- أثر استخدام استراتيجية لعب الدور في تنمية مهارة الكلام ادى طلبة الصف الثالث الأساسي وفق معايير الأداء اللغوي الشفوي: المرونة ، التأليف، التنغيم، الطلاقة، لدقة. وتكونت عينة الدراسة من (60) طالبا وطالبة من طلاب المدرسة النموذجية التابعة لجامعة اليرموك بواقع شعبتين تم اختيارهما عشوائيا. ولقياس الأداء استخدم الباحثان اختبارا موقعيا يتيح الاستجابة الشفوية بصورة فردية، وقد أظهرت نتائج الدراسة وجود فروق دالة إحصائيا

عند مستوى (∝ =0,05) بين طلبة المجموعتين التجريبية والضابطة في مهارة الكلام على كل معيار من معايير المعتمدة تعزى إلى استراتيجية لعب الأدوار لصالح المجموعة التجريبية، ووجود فروق دالة إحصائيا بين أداء أفراد المجموعة تعزى إلى متغير الجنس لصالح الإناث، وعدم وجود فروق دالة إحصائيا بين أداء الطلبة تعزى للتفاعل بين الجنس واستراتيجية التدريس.

وقامت الحايك (2005) بدراسة هدفت إلى بناء نموذج تدريسي- قائم على استخدام الوسائط المتعددة لتنمية مهارات القراءة الإبداعية لدى طلبة الصف العاشر الأساسي في الأردن.

ولتحقيق أهداف الدراسة اختارت الباحثة أفراد الدراسة من مدرسة المفرق الثانوية للبنين، ومدرسة راية بنت الحسين الثانوية للإناث، وبلغ عددهم (110) طلاب ، موزعين على أربع شعب، اختيرت عشوائيا شعبتان تجريبيتان درستا المحتوى التعليمي المقرر للصف العاشر الأساسي في المطالعة والنصوص ، بوساطة النموذج التدريسي ، وشعبتان ضابطتان درستا المحتوى التعليمي نفسه بالبرنامج الاعتيادي في تدريس المطالعة والنصوص للصف العاشر الأساسي.

قامت الباحثة ببناء المؤشرات السلوكية الدالة على مهارات القراءة الإبداعية بعد مراجعة الأدب التربوي في التفكير الإبداعي لتضمينها اختبار القراءة الإبداعية ، وبعد أن تحققت الباحثة من صدق هذه الأدوات وفق الأسس المعتمدة ، صممت النموذج التدريسي الذي تكون من ثلاث مراحل أساسية تقوم على أساس العلاقات المتبادلة بينها، وأظهرت النتائج وجود فروق ذات دلالة إحصائية في أداء الطلبة على اختبار مهارات القراءة

الإبداعيـة ، وأظهـرت عـدم وجـود فـروق ذات دلالـة إحصائيـة في أداء الطلبة على اختبار مهارات القراءة الإبداعيـة ، وعـلى كـل مهارة مـن مهارات القراءة الإبداعية تعزى إلى الجنس باستثناء تفوق الإناث على الذكور في مهارة الطلاقة.

ثانيا : الدراسـات التـي تناولـت أثـر برنامـج تعليمـي قـائم عـلى الوسـائط المتعددة في تنمية مهارات الكتابة.

قامت حمدي وعويدات (1994) بدراسة هدفت إلى التحقق من أثر استخدام الحاسوب في تدريب عينة من طلبة الصف الثامن في الأردن على ضبط أواخر الكلمات في قطع أدبية مختارة، وتحديد مدى استيعابهم لمحتوى تلك القطع ، وتعرف اتجاهاتهم نحو استخدام الحاسوب في التدريب اللغوي .

تكونت عينة الدراسة من (40) طالبا من طلبة الصف الثامن في مدينة عمان، وزعت بالتساوي على مجموعتين : تجريبية تستخدم الحاسوب في استيعاب محتوى قطع أدبية مختارة وضبط أواخرها، وضابطة تقوم بالمهمة ذاتها بالطريقة التقليدية .

استخدم الباحثان في الدراسة برنامجا محوسبا جاهزا بعنوان (سيبويه) يهدف إلى تعرف قواعد اللغة العربية ، ويحتوي مجموعة من النصوص الأدبية المنتقاة من أمات الكتب العربية ، ومجموعة من التدريبات المتعلقة بضبط أواخر الكلمات في تلك النصوص ، وتم إعداد اختبارين لهذه الغاية : الأول يختص بتشكيل أواخر الكلمات للنصوص الأدبية التي عرضت في البرنامج المحوسب ، والآخر صمم لاستيعاب محتوى النصوص الأدبية ، ويتكون من

ثلاثة أسئلة لكل قطعة أدبية . ولقياس اتجاهات الطلاب نحو الحاسوب طور الباحثان مقياسا لهذا الغرض مكونا من (25) فقرة تتناول ستة أبعاد ، وكشفت نتائج الدراسة عن عدم وجود فروق ذات دلالة إحصائية بين طريقة استخدام الحاسوب والطريقة التقليدية في التدريب اللغوي المتعلق بضبط أواخر كلمات القطع الأدبية واستيعابها ، وبينت النتائج وجود تحسن في اتجاهات طلبة المجموعة التجريبية نحو استخدام الحاسب في التدريب اللغوي طرأ نتيجة لجلوسهم أمام الحاسوب ولتدريبهم من خلاله.

وفي دراسة أجراها نصر (1995) هدفت إلى تقويم أداء التلاميذ في نهاية الحلقة الأولى من المرحلة الأساسية في مهارات الكتابة التعبيرية الموجهة وفق مستوياتها الثلاثة ، الابتدائي، المتوسط ، والمتقدم ، ومعرفة نسبة المتقنين لهذه المهارات ، وتقصي أثر عامل الجنس في ذلك.

وقد تألفت عينة الدراسة من (1116) تلميذا ، ممن أنهوا الصف الرابع الأساسي بنجاح، ولم يمض على دراستهم في الصف الخامس سوى شهر واحد ، ومنهم (618) تلميذا و(498) تلميذة ، تم اختيارهم بطريقة عشوائية بسيطة من المدارس الأساسية التابعة لمديريات التربية والتعليم بمحافظة إربد ، وللإجابة عن أسئلة الدراسة ، استخدم الباحث اختبارا من إعداده ، اشتمل على ثلاثين فرصة كتابة تعبيرية متنوعة في الصعوبة ، ونمط الأداء.

أظهرت النتائج وجود اختلاف في متوسطات أداء العينة باختلاف مستويات الكتابة ، ودرجة صعوبتها ، وفي ضوء معيار الإتقان المعتمد (80%) فما فوق ، كما أظهرت نتائج الدراسة وجود انخفاض حاد في إعداد المتقنين ونسبهم من أفراد العينة ، حيث بلغت (35%) للمستوى المتقدم ، كما

توصلت الدراسة إلى وجود فروق ذات دلالة إحصائية بين أداء الذكور وأداء الإناث عند مستوى ($\alpha = 0.01$) للمستوى الابتدائي وعندى مستوى ($\alpha = 0.05$) للمستوى المتوسط لصالح الذكور ، بينما لم تظهر فروق بين الجنسين على المستوى المتقدم من الكتابة التعبيرية.

وثمة دراسة لليرو (Lerew,1998) بعنوان "استخدام الحواسيب لتحسين مهارات الكتابة بين طلبة أصولهم إسبانية ذوي تحصيل متدن." أجريت في ولاية كاليفورنيا (California) في الولايات المتحدة. وقد هدفت هذه الدراسة إلى تحديد ما إذا كان من الممكن للطلبة الذين أصولهم إسبانية ، وتحصيلهم متدن ويستخدمون الحاسوب لإكمال مهماتهم في الكتابة أن يفوق أداؤهم أداء طلاب من النوع الذين يستخدمون الورقة والقلم للهدف نفسه .

تكونت عينة الدراسة من (152) طالبا أصولهم إسبانية ذوي تحصيل متدن ، تم توزيعهم عشوائيا على مجموعتين، مجموعة ضابطة ومجموعة تجريبية، استخدمت المجموعة التجريبية الحاسوب لمدة (35) يوما لإكمال مهمات الكتابة باللغة الإنجليزية ، في حين أن المجموعة الضابطة أكملت المهمات نفسها باستخدام القلم والورقة.

توصلت الدراسة إلى تفوق طلاب المجموعة التجريبية الذين كانوا يستخدمون الحواسيب على طلاب المجموعة الضابطة بفارق (20%) في علاماتهم ، وأشارت البيانات التي تم تحليلها إلى أن هذه التأثيرات كانت أكثر امتناعا ووضوحا بالنسبة للطلاب الذين كانت مهاراتهم في البداية متدنية ، كما أن الطلاب الذين تحسنت مهاراتهم أكثر سجلوا كذلك أكبر تحسن في ثقتهم وفي اتجاهاتهم العامة نحو الكتابة حيث إن مجموعة مهارات الكتابة

بمساعدة الحاسوب قد استفادت من سهولة الوصول إلى قاعدة البيانات المحوسبة من النحو والمفردات ، والعبارات من أجل الإنشاء بشكل عام ، وعززت لديهم اتجاهات إيجابية تجاه كل من النشاطات المبينة على الحاسوب ، كما زادت من دافعيتهم نحو الكتابة، وعززت من تطوير اللغة لديهم.

وأجرت أبو رزق (1999) دراسة هدفت إلى معرفة أثر تطبيق برنامج مقدم لتنمية مهارات التعبير الكتابي لدى طلبة الصف العاشر الأساسي في الأردن مقارنة بالتدريس وفقا للطريقة التقليدية .

تكونت عينة الدراسة من (140) طالبا وطالبة في الصف العاشر الأساسي ، موزعين على أربع شعب دراسية في مدرستين تابعتين لعمان الكبرى الأولى ، تم اختيارهما بطريقة عشوائية.

أظهرت النتائج وجود فروق بين متوسط علامات الطلبة البعدي المعدل لصالح البرنامج المقترح ، كما أشارت إلى وجود تفاعل بين طريقة البرنامج المقترح والجنس ، حيث تبين أن متوسط علامات الطلبة البعدي المعدل للذين تعلموا بالبرنامج المقترح أعلى من المتوسط البعدي المعدل للطلبة الذين تعلموا التعبير بالطريقة التقليدية ، وقد كان بين المتوسطين البعديين بين الإناث والذكور لصالح الإناث فقط.

وأجرى نيكس (Nix,1999) دراسة تجريبية في ولاية تكساس (Texas) هدفت إلى تعرف أثراستخدام البريد الإلكتروني في مهارات الكتابة لدى طلبة الصف الرابع".

اشتملت عينة الدراسة على مدرستين إحداهما استخدمت البريد الإلكتروني كجزء من منهاجها ، والأخرى لم تفعل ذلك ، تم بعدها جمع كافة

البيانات من نصوص كتبت بخط اليد ، ونصوص أخرى باستخدام البريد الإلكتروني ، حللت هذه النصوص ضمن سمات معينة تركز عليها اللغة : هي مقدار النص ، والتعقيد النحوي ، والتحكم بميكانيكيات اللغة ، والتنظيم، والجدال ، ووعي الجمهور . وبعد ذلك تم إجراء التحليلات الإحصائية لتحديد مجالات الفروق الدالة بين المدرستين ، حيث شكلت المقارنات الأساس للدراسة ، وفي إحدى المقارنات تم مقارنة إنشاء بريد إلكتروني من المدرسة التجريبية بإنشاء مكتوب بخط اليد من المدرسة الضابطة، كما تم مقارنة المقالات المكتوبة بخط اليد في كلتا المدرستين بعد ثلاثة أشهر من استخدام البريد الإلكتروني في المدرسة التجريبية.

كشفت النتائج أن أداء المجموعة التجريبية كان أفضل بشكل عام في مجالات وعي الجمهور، والتنظيم، والجدال وطول النص ، وقد تم عزو هذه الفوائد الناجمة إلى استخدام البريد الإلكتروني ، وإلى تأثير التفاعل مع جمهور صادق ، والسياقات التعليمية ، والتكنولوجية للإنشاء.

قام أبراهام (Abraham 2001) بدراسة هدفت إلى تحري أثر الوسائط المتعددة في تعلم مفردات اللغة والاستيعاب القرائي لدى مئة وطالبين سجلوا في الفصل الدراسي الثالث في المستوى المتوسط لتعليم اللغة الإسبانية ، إذ قام الباحث بإضاءة بعض المفردات الجديدة لقصة إسبانية قدمت لهم من خلال الفيديو والصور، وكان لهم حرية النظر إلى (85) كلمة مضاءة في القصة ، وقسم الباحث الطلاب إلى ثلاث مجموعات، تلقت الأولى منها المادة التعليمية من خلال إضاءة بعض مفردات القصة الجديدة من خلال استخدام الفيديو والصور وتقديم شروح باللغة الإسبانية وأخرى بالإنجليزية

خاصة بالمفردات، أما المجموعة الثانية فقد تلقت المادة التعليمية نفسها مع فتح باب الاختيار لها أن تستخدم تلك الوسائط، أما المجموعة الثالثة فلم تقدم لها المادة التعليمية من خلال الوسائط المتعددة.

وبعد أن تأكد الباحث من تكافؤ المجموعات الثلاث في القدرة الكتابية والشفوية في اللغة الإنجليزية قدم لهم اختبارا بعديا للمفردات، وآخر للاستيعاب، حيث وجد أن المجموعة الأولى التي تلقت المادة التعليمية من خلال استخدام الوسائط المتعددة بشكل إجباري لم يختلف أداؤها عن تلك التي تركت لها حرية اختيار استخدام الوسائط، أما المجموعة الثالثة التي لم تتح لها فرصة التعلم من خلال الوسائط المتعددة فقد كان أداؤها في المفردات والاستيعاب أقل من المجموعتين التجريبيتين بشكل ذي دلالة إحصائية، من هنا توصل الباحث إلى فاعلية الوسائط المتعددة في تسهيل فهم القصة وتعليم الكلمات الجديدة.

قامت صالح (2001) بدراسة هدفت إلى بيان أثر استخدام البرنامج المتعدد الوسائط في التحصيل الفوري والمؤجل لطلبة الصف التاسع الأساسي في الأردن في قواعد اللغة العربية، وقد تكونت عينة الدراسة من (120) طالبا وطالبة من الصف التاسع الأساسي، منهم (60) طالبا من (مدرسة الاتحاد)، وهي مدارس مديرية التعليم الخاص و (60) طالبة من مدرسة زرقاء اليمامة، وهي من مدارس عمان الرابعة.

وقد اختيرت شعبتان من كل مدرسة، وخصصت إحداهما لتتلقى المادة التعليمية باستخدام برنامج تعليمي محو سب متعدد الوسائط، والأخرى

لتتلقى المادة التعليمية، باستخدام الطريقة التقليدية في التدريس، وقد تم اختيار الشعب من المدرستين بالطريقة العشوائية .

اعتمدت هذه الدراسة علامات الطلبة في اللغة العربية في العام الدراسي السابق لتدل على علامة التعليم القبلي، واستخدم اختبار تحصيلي لكلتا المجموعتين التجريبية والضابطة ، وقد طبق مرتين ، مرة مباشرة بعد الانتهاء من تجربة قياس التحصيل الفوري ومرة أخرى بعد ثلاثة أسابيع من انتهاء تجربة قياس التحصيل المؤجل.

وأظهرت نتائج الدراسة أنه لا توجد فروق ذات دلالة إحصائية بين متوسطي المجموعتين التجريبية والضابطة في اختبار التحصيل الفوري ، كما أظهرت وجود فروق ذات دلالة إحصائية بين المجموعتين الضابطة والتجريبية في اختيار التحصيل المؤجل لصالح المجموعة التجريبية .

قام الخمايسة (2004) بدراسة هدفت إلى بناء برنامج تعليمي مقترح لتنمية مهارات التعبير الكتابي لدى طلبة الصف السادس الأساسي في الأردن.

ولتحقيق أهداف الدراسة تم اختيار جميع طلاب وطالبات الصف السادس الأساسي في مديرية التربية والتعليم للواء الكورة للعام الدراسي 2003/2003 البالغ عددهم (2423) طالبا وطالبة، ولأغراض الدراسة تم اختيار عينة عشوائية بلغت (246) طالبا وطالبة، للكشف عن مستوى الطلبة في التعبير الكتابي ، وقام الباحث بتطبيق اختبار كتابي يتكون من جزأين على عينة الدراسة، أما عينة الدراسة التجريبية فقد تكونت من (122) طالبا وطالبة في الصف السادس الأساسي منهم (60) طالبا و(62) طالبة ،

موزعين على أربع شعب دراسية ، تم اختيارهم بطريقة عشوائية من مدرستي دير أبي سعيد الأساسية للبنين، ودير أبي سعيد الأساسية للبنات، وقد استخدم الباحث فيها الأداتين : اختبار التعبير الكتابي وقد تكون من جزأين : الجزء الأول على شكل اسئلة تقيس مدى امتلاك الطلبة لمهارات التعبير الكتابي ، والجزء الثاني يتناول جانبا تطبيقيا يكلف به الطلبة في أحد الموضوعات المطروحة.

البرنامج التعليمي ، وهو من تصميم الباحث ، تكون من مجموعة من التدريبات والنشاطات التي تسعى إلى تنمية مهارات التعبير الكتابي موضوع الدراسة.

أظهرت النتائج وجود انخفاض في مدى امتلاك طلبة الصف السادس الأساسي لمهارات التعبير الكتابي ، وأظهرت أيضا وجود فروق ذات دلالة إحصائية يبن متوسطات أداء الطلبة على اختبار التعبير الكتابي تعزى إلى الجنس لصالح الإناث، وفيما يخص متغير التفاعل بين البرنامج والجنس ، فقد كشفت الدراسة عن وجود أثر دال إحصائيا لتفاعل البرنامج مع الجنس عند الجزء الثاني عن الاختبار فقط لصالح الإناث، وقد لوحظ أن أداء الإناث على اختبار التعبير الكتابي بعد تطبيق البرنامج للمجموعة التجريبية كان أفضل من أداء الذكور، بينما لم تظهر النتائج وجود فروق ذات دلالة إحصائية بين أداء الطلبة على اختبار التعبير الكتابي تعزى إلى التفاعل بين البرنامج والجنس ، عند الجزء الأول وعند الاختبار الكلي.

تعقيب عام على الدراسات السابقة

يتضـح مـن اسـتعراض الدراسـات السـابقة التـي اطلـع عليهـا الباحـث، تركيزها على دور الوسائط المتعددة في تقديم الموضوعات الدراسية للطلبة ، وإكسابهم مهارات اللغة العربية ، وزيادة دافعيتهم نحو التعلم ، وإضافة جـو من المتعة والسرور إلى نفوس الطلبة .

وتؤكد الدراسات ضرورة الاهتمام في تنميـة مهـارات المحادثـة والكتابـة، وذلك لأهميتها في صـقل شخصـية الفـرد ووضـوحها ، وتـوصي بضـرورة إجـراء دراسـات وبحـوث وبرامج تدريبيـة لتنميـة مهـارات المحادثـة والكتابـة بصـورة عامة، واستخدام استراتيجيات حديثة في تدريس هذه المهارات.

واتفقت الدراسـات عـلى أهميـة الحاسـوب والوسـائط الأخـرى في تنميـة مهارات المحادثة والكتابة لدى الطلاب مـن خـلال معالجـة النصـوص، وبعـض البرامج الأخرى، وأكدت وجـوب العمـل عـلى تكامـل النشـاطات المبينـة عـلى الحاسوب في الخطة الدراسية في اكتساب اللغة.

لقد أفادت الدراسة الحالية من الدراسات السـابقة بالقـدر الـذي أعانهـا على فهم حاجات الدارسين اللغوية، وتأكيد أهميـة المحادثـة والتحـدث مطلبـا وهدفا في تعلم مهارات اللغة الأربـع الأساسـية، وفي منهجيـة البحـث واختيـار المعالجات الإحصائية المناسبة. وأن تعلم مهارات المحادثة والكتابة تؤثر بشكل إيجابي في كثير من جوانب شخصية الفرد المتعلم .

وما توصلت إليه هذه الدراسات من نتائج كانت حافزا للدراسة الحالية، ولاسيما في مجال استخدام الوسائط المتعددة في التعليم ودورها في رفع كفايـة الطلبة وتحصيلهم.

غير أن الدراسة الحالية امتازت عن الدراسات السابقة بأنها ركـزت عـلى بناء برنامج تعليمي متكامل باستخدام الوسائط المتعـددة ، وبيـان فاعليتـه في تنمية مهارات التحدث والكتابة لدى طلبة الصف الرابع الأساسي.

الفصل الثالث

الطريقة والإجراءات

الطريقة والإجراءات

يتناول هـذا الفصـل وصفا للطريقـة والإجـراءات التي اتبعها الباحث لتحقيق أهداف الدراسـة ؛ إذ يتضمـن عرضا لطريقـة اختيار أفراد الدراسـة، والتحقق مـن تكافؤ المجموعتين ، والأدوات المسـتخدمة لتحقيـق الأهـداف ، وكيفية التحقق من ثبات الأدوات وصدقها، وإجراءات بناء البرنامج وتطبيقـه وفق المعالجة التجريبية، إضافة إلى متغيرات الدراسة، ومحدداتها، وتصميمها والمعالجة الإحصائية التي استخدمت فيها.

منهج الدراسة

جمعـت هـذه الدراسـة بيـن المنهجيـن الوصفـي وشبه التجريبـي، فقد استخدم الباحث في هذه الدراسة المنهج الوصفي في الإطار النظري، والأبحـاث العربية والأجنبية في مجال اللغة العربية وفنونها وطرائق تدريسـها ومداخل تعليمها ،وذلك للتوصل مهارات المحادثة والكتابة ، ومواصفات بناء البرنامج التعليمـي القائـم عـلى اسـتخدام الوسـائط المتعـددة، ومعاييره، وأسسـه وافتراضاته، زيادة على بناء اختبار لمهارات المحادثة والكتابة.

واستخدم الباحث المنهج شبه التجريبـي في اختيـار التصميم التجريبـي المناسب وتنفيذه لضبط متغيرات البحـث، وتـم تطبيـق اختبـار قبلي لمهارات المحادثة والكتابة على مجموعات الدراسة الأربع، ثم تطبيق البرنامج التعليمي عـلى المجموعتين التجـريبيتين مقابـل البرنامج الاعتيـادي في تـدريس مهـارتي المحادثة والكتابة على المجموعتين الضابطتين ، وبعد الانتهاء من تنفيذ محتوى البرنامج التعليمي لمجموعات الدراسة الذي دام ثلاثة أشهر من

2005/2/27-2005/5/22 طبق الباحث اختبارا بعديا لمهارات المحادثة والكتابة على مجموعات الدراسة.

أداتا الدراسة

أولا: الاختبار التحصيلي لمهارتي المحادثة والكتابة القبلي والبعدي

لمعرفة أثر البرنامج التعليمي المبني على استخدام الوسائط المتعددة لتنمية مهارات المحادثة والكتابة ، اعتمد الباحث اختبارا تحصيليا لهذه الغاية ، حيث اطلع على أدوات دراسية سابقة حول المحادثة والكتابة ، ومنها دراسة أبو حرب (1990)، و الطيطي (2000) والهاشمي (2003)، والصوص (2003) ،والحجايا (2004) ، والطورة (2004)، والخمايسة (2005)، زيادة على بناء جدول للموصفات ملحق (6) يتضمن توزيع فقرات الاختبار وفق البعدين الآتيين:

المحتوى المعرفي ، ومستويات النتاجات في المجال المعرفي الستة حسب تصنيف بلوم، ملحق (7) ، لأجل تحديد الوزن النسبي لكل عنصر من عناصر المحتوى المعرفي ، ومستويات النتاجات في المجال المعرفي.

وأجريت معاملات الصعوبة والتميز المناسبة لفقرات الاختبار ، ملحق(9) ، ثم تم بناء أداة دراسية جديدة، وقد مر الاختبار بالخطوات الآتية:

1- الهدف من الاختبار

هدف الاختبار التحصيلي ، قياس درجة امتلاك طلبة الصف الرابع الأساسي من مرحلة التعليم الأساسي ، لمهارات المحادثة والكتابة .

المحادثة

1- يتحدث الطالب بجمل بسيطة، مفسرا لصورة مـا أو معـبرا عـن مشهد معين.

2- يستخدم الطالب الأنماط اللغوية التي تعلمها.

3- يجيب الطالب عن أسئلة مباشرة.

4- يعبر الطالب عن أفكاره وحاجاته وخبراته بلغة سهلة سليمة.

5- يعبر الطالب عن الخيال.

6- يستخدم الطالب كلمات في جمل مفيدة، استخداما يـدل عـلى فهمه لمعناها.

7- تزداد ثروة الطالب اللغوية من المفردات والتراكيب .

8- يتعود آداب التحدث مع الآخرين.

9 - يسمي الطالب الأشياء التي يراها في مدرسته وبيئته.

الكتابة

- تحليل الموضوع إلى عناصر أساسية.

- يربط بين جملتين بأحد الألفاظ الرابطة.

- يستخدم الكلمة الجامعة لمعان عدة.

- يستدعي معاني منتمية إلى فكرة مطروحة.

- يعد مقدمة مناسبة للموضوع .

- يضع خاتمة مناسبة لموضوع.
- توسيع جملة أو عبارة بالإضافة.
- يستخدم علامات الترقيم .
- يبني فقرة حول فكرة رئيسة محددة.
- يكمل قصة قصيرة مفتوحة النهاية.
- تزداد قدرته على توليد الأفكار.

2- محتوى الاختبار

تكون محتوى الاختبار من عشرين سؤالا ، موزعة بالتساوي بين مهارتي المحادثة والكتابة ، لقياس المهارات التي تبناها البرنامج، وقد روعي في اختيارها أن تكون متنوعة وشاملة، وتتضمن خبرات جديدة، وشائقة ، ومهارات مقصودة قدر الإمكان، ولم يستخدم الباحث أية مادة تعليمية يدرسها الطلبة في البرنامج التعليمي؛ تجنبا لانتقال أثر التدريب والتذكر، مما يؤثر في نتائج هذه الدراسة.

وقد اعتمدت آراء الخبراء في تحديد مقروئية نصوص الاختبار ومدى ملاءمتها لطلبة الصف الرابع الأساسي من جهة، وللغرض الذي استخدمت من أجله من جهة أخرى.

وتضمنت أسئلة المحادثة استخدام الوسائط المناسبة (أداة التسجيل) ليتمكن من سماع إجابات الطلبة ، ومناسبة أنماطهم اللغوية للاختبار.

3- **صياغة فقرات الاختبار**

تمت صياغة فقرات الاختبار بالاستناد إلى المؤشرات السلوكية الدالة على مهارتي المحادثة والكتابة ، بواقع عدة مؤشرات لكل سؤال، فكان لكل مهارة مجموعة من الأسئلة.

وقد روعي عند صياغة فقرات الاختبار وضوح الأسئلة، والبعد عن الكلمات التي تحمل أكثر من معنى، وأن تقع هذه الكلمات في دائرة الثروة اللغوية للطالب، وأن يتضمن السؤال فكرة واحدة يعبر عنها إنشائيا على ما فيها من صعوبة في التنفيذ والتصحيح.

4- **صدق الاختبار**

بعد تجهيز فقرات الاختبار ،تم عرض الاختبار في صورته الأولية على هيئة المحكمين وطلب إليهم إبداء آرائهم في الاختبار من حيث:

- مدى ملاءمة المحتوى لأهداف الاختبار ، ولمهارات المحادثة والكتابة موضع القياس.

- مدى ملاءمة فقرات الاختبار إلى المستوى النمائي للطلبة .

- تقديم ملاحظاتهم حول مدى شمولية هذه المهارات للقدرة التعبيرية التي ينبغي أن تتوافر لدى الطلاب في هذا المستوى التعليمي.

- ملاءمة الاختبار للاستجابات المحتملة لطبيعة المهارة من حيث التنويع، وعدم التكرار، والشمولية .

- تقديم ملاحظاتهم حول صحة الإجابة النموذجية للاختبار، ومدى ارتباط الاستجابة بالموقف التعبيري والكتابي المعتمدة في الاختبار.

بعد ذلك تم إجراء التعديلات للاختبار في ضوء آراء السادة المحكمين، وعد الأخذ بملاحظاتهم ، وإجراء التعديل بمنزلة الصدق المنطقي ، وصدق المحتوى(عودة، 1992) . ولم يكن هناك أي تغييرات جذرية ، وإنما إشارات إلى بعض التغييرات البسيطة من أخطاء لغوية ، وتشكيل النصوص في الاختبار تشكيلا كاملا، وتقديم بعض الفقرات ، وتأخير بعضها الآخر، واستبدال بعض فقرات الاختبار ، بفقرات أكثر ملاءمة من غيرها، وإعادة النظر في زمن الاختبار المخصص لكل فقرة؛ ويمكن بيان أهم التعديلات التي اقترحها المحكمون في اختبار مهارة المحادثة على النحو الآتي:

— استبدال الفقرة (ج) من السؤال الخامس من " طالب خجول لا يتكلم مع رفاقه" إلى " مريض يستمع لإرشادات طبيبه".

— تخفيض الزمن المطلوب في السؤال السابع من " تحدث في حدود ثلاث دقائق " إلى " تحدث في حدود دقيقتين" .

— تغيير السؤال الثامن من " تحدث في مضمون القول الآتي " إلى " أعد صياغة الفكرة التي تحملها الجملة الآتية شفويا بأكثر من أسلوب " .

أما بالنسبة إلى اختبار مهارة الكتابة فكانت أهم التعديلات التي اقترحها المحكمون على النحو الآتي:

— إعادة تشكيل النصوص المطلوبة.

— إعادة ترتيب وحذف في السؤال الأول : نقل الفقرة (أ) إلى الفقرة (ج)، وحذف الفقرة (ج) ؛وتعديل الفقرة (أ) لتصبح كالآتي " اكتب صفة أعجبتك لرجال الدفاع المدني" .

- إضافة سؤال " وسع العبارة الآتية من إنشائك".

وقد اقترح عقد الامتحان بواقع جلسة لكل مهارة ، ليتسنى للباحث تحديد الوقت المناسب لكل مهارة.

5- التجربة الاستطلاعية للاختبار

بعد أن وصل الاختبار إلى صورته النهائية ملحق (4)، وبعد إجراء التعديلات التي اقترحها المحكمون، تم تجريب الاختبار على طلاب الشعبة (ج) وعددهم (20) طالبا من مدرسة اليرموك الأساسية للبنين، وعلى طالبات الشعبة (هـ) وعددهن (22) طالبة من مدرسة مارية القبطية الأساسية للبنات، وهي ليست من المدارس المشاركة في الدراسة يوم 2006/2/27، وقد اتصفت هذه العينة بمواصفات العينة الأصلية، واستهدفت التجربة الاستطلاعية للاختبار التحقق من الآتي:

1- صلاحية تعليمات الاختبار.

2- تحديد الزمن المناسب لفقرات اختبار مهارتي المحادثة والكتابة.

3- ملاءمة المساحة المخصصة للإجابة.

4- استخراج ثبات التصحيح.

6- ثبات الاختبار

يعد الثبات من صفات الاختبار الجيد ، وهو يشير إلى مدى استقرار نتائج المفحوصين، ومن الطرائق التي اتبعها الباحث في حساب معامل ثبات الاختبار معادلة كوردر ريتشاردسون (K R-20)، وكانت قيمة معامل الثبات كما تظهر في الجدول (2).

الجدول (2) قيمة معامل الثبات لكل من مهارتي المحادثة والكتابة من مهارات الاختبار والثبات الكلي للاختبار

الرقم	المهارة	معامل الثبات
1	مهارات المحادثة	.,82
2	مهارات الكتابة	.,86

يستدل من الجدول أن قيمة معامل الثبات كانت كافية لأغراض الدراسة.

تحديد زمن الاختبار

تحديد زمن اختبار مهارة المحادثة

لتحديد الزمن المناسب لاختبار مهارة المحادثة ، تم تسجيل الوقت الذي استغرقه الطلبة في الإجابة عن فقرات الاختبار، وقام بحساب متوسط زمن إجابة الطلبة عليه، حيث بلغ (25) دقيقة زيادة على (5) دقائق للتقديم وقراءة التعليمات والتوجيهات، وبذلك يكون الزمن الكلي لتطبيق الاختبار

(30) دقيقة فقط، وقد لاحظ الباحث أن الأسئلة والاستفسارات كانت قليلة مما يدل على وضوح الاختبار وتعليماته.

أما بالنسبة إلى اختبار مهارة الكتابة فكان العمل بالطريقة نفسها المتبعة مع مهارة المحادثة، وذلك بأخذ إجابات الطلبة جميعهم، ورصد الوقت لكل طالب، ثم استخراج متوسط الزمن الذي استغرقه الطلبة بالدقائق في الإجابة عن اختبار مهارة الكتابة جميعها؛ فكان الزمن المناسب (40) دقيقة.

معايير تصحيح اختبار مهارة المحادثة

اعتمد في تصحيح اختبار المحادثة للطلبة (عينة البحث) على معيار تقويم الأداء التعبيري الشفوي ليكون أداة لقياس أدائهم التعبيري للوصول بالدراسة إلى نتائج دقيقة، وللحد من الذاتية التي تتصف بها اختبارات التعبير الشفوي خاصة.

استخدم معيار تقويم الأداء التعبيري الشفوي للهاشمي (2003) بعد أن أجري عليه بعض التعديلات من حذف وتغيير وإضافة، بما يتناسب ومستوى طلبة الصف الرابع الأساسي. وقد أفاد الباحث في هذا المجال من بعض الدراسات كدراسة الكلباني (1997)، ونصر (2005)، وزيادة على ذلك فقد عرض هذا المعيار على مجموعة من أصحاب الاختصاص، وبعد أن أخذ بملاحظاتهم أصبح المعيار بصورته النهائية الملحق (10).

صحح الباحث حديث كل طالب، (من خلال إعادة سماع التسجيل) في ضوء هذا المعيار، وقد أفرد ورقة تصحيح لكل طالب.

أما بالنسبة لثبات التصحيح فقد اختار الباحث بطريقة عشوائية حديث عشرة من الطلبة من المجموعتين التجريبية والضابطة ، بواقع خمسة طلاب من التجريبية ، وخمسة طلاب من الضابطة. صحح أحاديث هؤلاء الطلاب في وقت معين، ثم أعاد تصحيح هذه الأحاديث بعد مرور أسبوعين، واستخرج ثبات التصحيح باستخدام معامل ارتباط بيرسون، وكان مقداره (82%)، وهو معامل ثبات مقبول في حدود هذه الدراسة.

ثانيا: البرنامج التعليمي

أ- بناء البرنامج:

اتبعت الخطوات الآتية لبناء البرنامج التعليمي في مهارتي المحادثة والكتابة:

- لتعرف معايير التدريس الجيد ، وبعد الاطلاع على الأدب التربوي المرتبط بالوسائط المتعددة وبخاصة الحاسوب مثل : (الطوالبة، 2003) ، (الفار،2000) ، تم الاطلاع على الأدب التربوي المرتبط بتصميم البرنامج التعليمي الجيد مثل : (الناقة، 1981)، و(حمدي، 1999)،و(عصر ، 1999)، و (الزعبي، 2000)، و(الطيطي، 2000)، و (طعيمة ومناع، 2000)، و(قطامي وأبو جابر وقطامي ،2000)، و(الطورة، 2004).

- دراسة خصائص المتعلمين ، وتحليل المحتوى التعليمي ، بناء الباحث للبرنامج التعليمي في مهارتي المحادثة والكتابة ضمن مقرر لغتنا العربية للصف الرابع الأساسي.

- صمم البرنامج التعليمي ملحق (11) ليتماشى مـع الفكـر التربـوي المعـاصر في تحويـل غـرض التعلـيم مـن اسـتهلاك المعرفـة إلى إنتاجهـا ، مـما يستدعي فهما أعمـق لـدور المعلمـين والطلبـة في عصرـ التكنولوجيـا ووسـائل الاتصال للتخلص من آفة التلقي السلبي التي تعانيها معظم الأنظمة التربوية ، والوصول إلى بوابـة الابتكـار والإبـداع في الأنشطة الصفية، فضلا عـن إظهـار طرائق متنوعة للتدريس والتقويم تستخدم للتوافق والرؤية الجديدة للمتعلم ، وإكساب الطلبة مهارات ذات مستوى متقـدم ، ليصبحوا أكثر إدراكا لمـدى استخدام المصادر المتنوعة، ولا سيما مصادر تكنولوجيا الاتصالات والمعلومـات التي يمكن أن تدعم الكتب المدرسية.

ب- قائمة مهارات المحادثة والكتابة والمؤشرات الدالة عليها:

حـدد الباحـث أولا قائمـة مهـارتي المحادثـة والكتابـة لتضمنها البرنـامج التعليمي المقترح بقصد تنميتها لدى طلبـة الصف الرابـع الأساسي، وقد تـم اشتقاق هذه القائمة من عدة مصادر اطلع عليها الباحث في : الأدب التربوي المتعلق بمهارتي المحادثة والكتابة، مثل (الطيطي ،2004) و(الناقة، 1981) ، والبحوث والدراسات السـابقة ذات العلاقة مثـل : (الطـورة، 2004)، و (الهاشمي، 2003)، وجاءت هـذه القائمـة موزعـة عـلى خمسـة مجـالات هـي : مجال المضمون، المجال اللغوي، المجال الصوتي، المجال التفاعلي، مجال شخصية المتحدث، بواقع ثلاثة إلى خمسة مؤشرات لكل مجال.

وقائمة مهارة الكتابة مثل : (الخمايسـة،2003)، و(الصـوص،2003)، و(الحجايا، 2004)، وجاءت هذه القائمة موزعة على أربعة مجالات هي :

مجال المفردات، مجال التركيب والأسلوب ، مجال الأفكار، مجال التنظيم، بواقع ثلاثة مؤشرات لكل مجال.

وبعد إعداد المؤشرات ضمن قائمة مقترحة عرضت على عدد من ذوي الاختصاص في اللغة العربية وطرائق تدريسها بهدف تعرف آرائهم ، وإبداء ملاحظاتهم حول مدى ملاءمة هذه المؤشرات لطلبة الصف الرابع الأساسي من جهة ولمهارتي المحادثة والكتابة من جهة أخرى، بقصد تضمنها البرنامج التعليمي المقترح ، لتنميتها باستخدام الوسائط المتعددة ، وتمثلت أبرز ملاحظات المحكمين ومقترحاتهم التي تم الأخذ بها في إعداد القائمتين بصورتيهما النهائية بالآتي:

- وضع المهارات ضمن مجالات رئيسة تنطوي تحتها المهارات المناسبة لكل مجال.
- سلامة الصياغة اللغوية للمهارات .
- مناسبة المهارة للمستوى النمائي لطلبة الصف الرابع الأساسي.
- حذف بعض المهارات المتكررة ، وإضافة ما هو مناسب.
- التركيز على المهارات الوظيفية لتحصيل الطلبة.

وقد تم الحرص على قبول المهارة ، إذا اتفق (80%) فما فوق من المحكمين على أنها " مهمة جدا " ، وفي هذا أشارت (دروزة، 2000) إلى أن معامل صدق المحتوى يكون مقبولا عندما تكون درجة الاتفاق بين المحكمين لا تقل عن 75% ، وفي ضوء ذلك تم إلغاء بعض المهارات ومنها " السرعة والإبطاء في التحدث" ، كما تم إلغاء مهارة " إعطاء معنى للمفردات بالإشارة

والتمثيل"، وتم نقل مهارة التلخيص من المجال اللغوي إلى مجال الأفكار، وعدلت مهارة " تركيب مفردات لتشكل جملا " لتصبح " تكوين جمل مفيدة من مفردات مبعثرة" . وأصبحت القائمة بصورتها النهائية كما في الملحق (1) ، (2).

- **أهداف البرنامج التعليمي**

يهدف البرنامج التعليمي بشكل رئيس إلى تنمية مهارات التحدث والكتابة، لدى عينة من طلبة الصف الرابع الأساسي باستخدام الوسائط المتعددة، بافتراض أن هذه الوسائط تهيىء فرصة تعليمية أكثر ملاءمة ، تساعد الطلاب على إتقان هذه المهارات وتوظيفها في حديثهم وكتاباتهم. ومن المتوقع بعد تطبيق هذا البرنامج وتنفيذ تدريباته ونشاطاته أن يسهم في رفع مستوى هذه المهارات .

وينتظر أن يحقق البرنامج النتاجات التعلمية التعليمية الآتية :

- أن يمتلك الطالب مهارات التحدث بلغة سليمة.
- أن يتصف الطالب بالجرأة والطلاقة في التحدث.
- أن يكتسب القدرة على التعبير عن نفسه وحاجاته بلغة سليمة.
- أن يكتسب آداب التحدث بإظهار الاحترام للآخرين وآرائهم.
- أن يمتلك الطالب مهارات الكتابة ، ويوظفها في مواقف حياتية متنوعة.
- أن يتمكن الطالب من تدعيم أفكاره بالأدلة والبراهين.
- أن يمتلك الطالب القدرة على التلخيص والإيجاز.

- أن يتمكن الطالب من استخدام علامات الترقيم استخداما صحيحا.

- أن يتعود الطالب النظافة والدقة ، وتنظيم الموضوع ، وحسن إخراجه بالشكل المطلوب.

- أن يتعود التفكير المنطقي السليم ، وترتيب أفكاره ، وحسن عرضها بطريقة منظمة.

- مسوغات البرنامج التعليمي

لا بد من وجود مسوغات واضحة يستند إليها الباحث لبناء البرنامج التعليمي المقترح ، ومن هذه المسوغات:

- ازدياد الاتجاه نحو تفضيل دور المتعلم الإيجابي، بدلا من الاعتماد على الدور الرئيس للمعلم في العملية التعليمية التعلمية الذي تنتهجه الطرائق الاعتيادية.

- قلة اهتمام معلمي اللغة العربية بتنمية مهارات التحدث والكتابة لدى الطلبة ، ولاسيما في المرحلة الأساسية ، وهذا ما أكده الأدب التربوي السابق .

- الانفجار المعرفي وحاجة الطالب في الوقت المعاصر إلى التمكن من وسائل تجعله أكثر تميزا في حديثه وفي تعبيره الكتابي .

- أهمية المحادثة والتعبير الكتابي في حياة الطالب داخل المدرسة وخارجها، ولاسيما في حياته العملية .

-وجود مؤشرات دالة على ضعف الطلبة في المحادثة والتعبير الكتابي، وهذا ماأكده الأدب التربوي السابق والاختبار القبلي.

- توصيات الدراسات السابقة ، والأبحاث التي أجريت في هذا المجال عن أهمية وضع برامج لتنمية هذه المهارات.

- مساعدة الطلبة في الانتقال من اللغة الدارجة إلى اللغة الفصحى السليمة.

-اجتياح الحاسوب لمجالات الحياة كافة.

- دعوات التربويين والباحثين إلى تنمية مهارات التحدث والكتابة، وقلة البرامج التي تنفذ ذلك.

- اعتماد البرنامج على استخدام الوسائط المتعددة يمثل اعتمادا لاتجاه حديث في التدريس يستند إلى رؤية تربوية واسعة الانتشار.

- هناك حاجة إلى تطور طرائق التدريس للغة بشكل عام ومهارات التحدث والكتابة بشكل خاص .

- أسس بناء البرنامج التعليمي

يتطلب بناء البرنامج التعليمي وضع أسس واضحة ومحددة ، تكون أساسا يرتكز عليه في إعداد هذا البرنامج وتنفيذه ونجاحه ، ومن هذه الأسس:

- تحديد الأهداف العامة المناسبة لمستوى الطلبة العمري والعقلي ، يجعل الطرائق أكثر وضوحا وأسهل لتحقيق تنمية مهارات المحادثة والكتابة.

- الأداء التعبيري الشفوي والكتابي حصيلة لما يمتلكه المتعلم من مهارات اللغة الآخرى؛ القراءة والاستماع ، وتقديمها للمتعلم بشكل تكاملي يدعم التقدم في تحصيل المهارة.

- مراعاة ميول الطلبة واتجاهاتهم في الموضوعات التي يرغبون التحدث والكتابة فيها.

- مراعاة مستوى النمو العقلي لدى الطالب .

- إثارة الطالب نحو التعلم ، وجعله على قناعة تامة بأنه في حاجة ماسة إلى ما يتعلمه اليوم في حياة الغد.

- ملاءمة المحتويات التعليمية لطبيعة تعلم المهارة وإتقانها.

- محاولة الوصول بالطالب إلى تكوين حصيلة لغوية لتكون معينا له على أدائه اللغوي.

- مهارات اللغة الشفوية والكتابية تنمو بالاقتداء والتدريب.

- تزويد الطالب بالتغذية الراجعة المناسبة لتقوية أو تعديل تعبيراته، واستحسان ما يبديه من عبارات وتراكيب .

- تضمين البرنامج التعليمي بعض استراتيجيات التقويم التي تمثل اتجاها حديثا في عملية التدريس مبنية على الاقتصاد المعرفي .

- أهمية مهارتي التحدث والكتابة في الحياة الاجتماعية ، منطلقا من أن اللغة هي وسيلة التواصل بين بني البشر.

- أهمية استخدام الوسائط التعليمية لتعلم أكثر جودة وفاعلية ، بتوظيف أكثر من حاسة في التعليم للتعلم.

- **محتوى البرنامج**

يمثل اختيار المحتوى التعليمي أهمية في تنمية مهارات التحدث والكتابة

رقم الدرس	الموضوعات	عدد الحصص
الدرس الثاني	عصر الحاسوب	3
الدرس الثالث	الأمثال العربية	3
الدرس الرابع	الأرض الطيبة	3
الدرس الخامس	فدوى طوقان : شاعرة فلسطين	3
الدرس السادس	أصدقاء الشرطة	4
الدرس السابع	الفتى الذكي	4
الدرس الثامن	صناعة الدواء في الأردن	4

، لذا رأى الباحث أن يتركز البرنامج على الموضوعات المقررة على الطلبة عينة الدراسة ، وهي سبعة دروس من كتاب لغتنا العربية المقرر لطلبة الصف الرابع الأساسي في الأردن 2006/2005 . وستعرض هذه النصوص

القرائية من دون تغير في حجمها أو إعدادها أو عناصرها أو مفرداتها ، وهي كما يأتي حسب تسلسلها في الكتاب :

المستهدفون بالتدريس

يصلح البرنامج لتدريب طلبة الصف الرابع الأساسي من المرحلة الأساسية في الأردن.

الوسائل التعليمية في البرنامج

- السبورة والطباشير، بطاقات كرتون، الحاسوب التعليمي، أوراق عمل، الإنترنت التعليمي، صور تمثل أشخاص ، مناظر طبيعية حقيقية، بطاقات عمل رمزية تتعلق بالتدريبات والنشاطات المقترحة تبين النشاط والهدف منه والإجراءات المتوقعة من الطالب القيام بها لتحقيق الهدف.

تحليل خصائص المتعلمين

أخذ بالحسبان خصائص الفئة المستهدفة النمائية ، لذا تم تكييف البرنامج من حيث أهدافه، وتنفيذه، وتقويمه بطرائق تتلاءم مع خصائص طلبة الصف الرابع الأساسي الذين يمرون بنهاية المرحلة التعليمية الأولى التي تتطلب العمل الكثير، والجهد المتواصل ، هذا بالإضافة إلى الجوانب النفسية والانفعالية التي يمر بها الطلبة ، بحيث يصبح أكثر ميلا إلى الحديث والكتابة والقراءة وسرعة التحصيل ، مما يتطلب أن يقدم له قدرا كبيرا من التنويع في المواد التعليمية والأنشطة الموجهة ، تتلاءم والنمو العقلي والانفعالي والحركي، لذا فإنهم بحاجة إلى مناهج مدرسية ، وأنشطة صفية تنمي لديهم

المهارات الأساسية في اللغة العربية ، وتنمـي عنـدهم التفكـير المنطقـي المرغوب فيه لتلك المرحلة (عدس وقطامي، 2003).

لذا جاء هذا البرنامج ليتفق مع الخصائص النمائية التي يتصف بها طلبة الصف الرابع الأساسي، وليكون تطبيق هذا البرنامج مـن خـلال نصـوص كتـاب لغتنا العربية بأسلوب تقني حـديث مسـاند وشـائق، يتصـل بحيـاة الطالب وميوله لينمي لدى الطلبة الدافعية من خلال تقديمه بطرائق جذابة.

دور الطالب

للطالب دور مهـم وفاعـل في البرنامج الـذي يهـدف إلى تنميـة مهـارات المحادثة والكتابة ، باسـتثمار قدراتـه أقصىـ اسـتثمار ، ليتحقـق لـه الشـعور بالإنجاز والرضا عن النفس، ومـن المؤمـل أن يـؤدي الطالـب في هـذه الدراسـة الأدوار الآتية في تنفيذه للبرنامج المقترح:

- ينظم خبراته ليمارس عمليـات ذهنيـة حيويـة نشـطة وفاعلـة يوظـف فيهـا خبراتـه السـابقة ليتفاعـل بحيويـة مـع المواقـف الصـفية ، ويستحدث أفكارا وصورا جديدة.

- لا يتوقف عند الأدوار التقليدية ، بل يكون متفتح الذهن يقظا.

- يظهر الانفتاح ويتقبل أفكار الآخرين وآراءهم.

- يطور مهاراته وينظمها لإبقاء عمله منظما.

- يعمـل فكـره وخيالـه ، ويوظـف خبراتـه السـابقة ويرحـب بالخبرات الجديدة .

- يتسم بالحيوية والنشاط والفاعلية والتعاون .

- يبحث عن معلومات جديدة ، للتأكد مـن أن جميـع الحقائق قد أخذت بالحسبان، ويظهر الحماسة للبحث عن معرفة جديدة.

- يستخدم إدارة الوقت بشكل جيد .

دور المعلم

يؤمل من المعلم المنفذ للبرناج التعليمي الذي يهدف إلى تنميـة مهارات المحادثة والكتابة ، لدى طلبة الصف الرابع الأساسي، أن يعمل على ما يأتي مـن خلال تنفيذه لأنشطة البرنامج التعليمي:

- يمارس دور القدوة الذي يظهر استعدادا لتقبل أفكار الآخرين مهما كانت غريبة ، في جو ديمقراطي تتنامى فيه حقوق الطلبة في التعبير عن آرائهم وذواتهم.

- يقدم نموذجا للاتجاهات الإيجابية لوجهات نظر مختلفة.

- يستخدم الرسـوم البيانيـة والخـرائط والجـداول والمـنظمات البصرية في التعليم حتى يرى الطلبة عروضا مرئية.

- يقوم بالتخطيط والإعداد المسبق .

- يدعم الطلبة الخجولين وغير المشاركين ويشجعهم.

- يطـور نقاشـات وتفـاعلات صـفية بـين الطلبـة، تشـجع عـلى المشاركة ،وتوليد الأفكار لكي ينظر إلى الأشياء نظرة جديدة.

- يهيئ مواقف وفرصا حقيقية للطلبة ، لينمـو مـن خلالهـا حـب الاستطلاع ، والبحـث في بيئـة غنيـة بالأنشـطة التي تحـثهم عـلى التفكـير والإبداع.

- يساعد الطلبة على تقبل الأفكار والمشاعر التي يخفيها الطالب خوفا من عقاب، أو سخرية.

- يلخص التقدم الذي أحرزه الطلبة ، ويشجع المستوى الـذي تـم الوصول إليه.

- يستخدم الأسئلة المفتوحة الإجابة من مثل : ما الحل برأيـك؟ - بماذا تنصح؟

- يكون راغبا في تجريب طرائق مختلفة لحل المشكلة ، وتقـويم نافع لهذه الطرائق.

صدق البرنامج التعليمي

للتحقق من مدى ملاءمة البرنامج التعليمي المقترح للأهداف التي وضع من أجل تحقيقها، تم عرضه على عدد من المحكمين المختصين في اللغة العربية ، والمناهج وطرائق تدريس اللغة العربية وتصميم التدريس، ومشرفي وزارة التربية والتعليم، وأعضاء المناهج في وزارة التربية والتعليم، إضافة إلى عدد من معلمي اللغة العربية ممن يدرسون الصف الرابع الأساسي، انظر الملحق (12)، للوقوف على آرائهم في مكونات البرنامج التعليمي ، وإبداء الرأي عن أهداف البرنامج ومحتوياته، ومدى فاعلية النشاطات والتدريبات المقترحة من الباحث في البرنامج، والحكم على مدى ارتباط هذه النشاطات والتدريبات بمهارتي المحادثة والكتابة، والمؤشرات السلوكية الدالة عليها، وتم إجراء التعديلات اللازمة في ضوء آرائهم ومقترحاتهم بما يتلاءم ومستوى طلبة الصف الرابع الأساسي.

وقد وافق المحكمون على مناسبة الإطار العام للبرنامج من حيث اشتماله على العناصر الأساسية للبرنامج التعليمي، وقد أبدوا بعض المقترحات مثل :

1- عرض النصوص المقترحة مضبوطة بالشكل التام.
2- ربط كل نشاط وتدريب بالمهارة المحددة له.
3- إعادة صياغة بعض النتاجات التعليمية.
4- توثيق ما ورد من آيات، وتصوير الآيات من القرآن مباشرة.
5- سلامة اللغة ومناسبتها لمستوى طلبة الصف الرابع الأساسي، (المستوى النمائي).

منفذا البرنامج

تولى تنفيذ محتوى البرنامج معلم اللغة العربية للصف الرابع الأساسي في مدرسة بلال بن رباح الأساسية، وهو من حملة درجة البكالوريس في اللغة العربية، وله خبرة في تدريس الصف الرابع الأساسي لمدة عشر سنوات.

كما تولت تنفيذ البرنامج التعليمي معلمة اللغة العربية للصف الرابع الأساسي في مدرسة البتراء الأساسية المختلطة وهي من حملة درجة البكالوريس في اللغة العربية ولها خبرة في تدريس الصف الرابع الأساسي لمدة تسع سنوات.

ولضبط الظروف التجريبية اجتمع الباحث مع المعلم والمعلمة كل على حدة، وزودهما بالإرشادات والمواد اللازمة وحدد لهما استراتيجيات التعلم والتعليم التي يجب تنفيذها للمجموعة.

تجريب البرنامج استطلاعيا

بعد الأخذ بملاحظات المحكمين ، تم تجريب الدرس الأول على عينة استطلاعية من طالبات الشعبة (ب) في مدرسة نسيبة بنت كعب الأساسية، وهي ليست من المدارس المشاركة في الدراسة بهدف استكمال الملاحظات الفنية والتربوية، وتعرف كيفية تعامل الطالبات مع البرنامج من حيث أنشطته وتدريباته، وتسجيل ملاحظات عامة حول البرنامج.

زمن تنفيذ البرنامج

استغرق زمن تطبيق البرنامج التعليمي على طلبة المجموعة التجريبية ثلاثة أشهر، من تاريخ 2006/2/27 إلى 2006/5/18 بواقع حصتين صفيتين في كل أسبوع من الفصل الدراسي الثاني للعام 2006/2005م.

أساليب التقويم

للتحقق من مدى فاعلية البرنامج، وتحقق أهدافه، وتقدير مدى التحسن الذي طرأ على أداء الطلبة في مهارات المحادثة ومهارات التعبير الكتابي، لجأ الباحث إلى استخدام أساليب متنوعة وجديدة في تقويم أداء الطلبة في مهارات المحادثة والتعبير الكتابي تتماشى والمنطلقات الحديثة للتقويم ويعتمد التقويم بشكل رئيس على المعلم ، والتقويم الذاتي للطالب ، يعمل على تحسين تعلم الطالب؛ حيث يقوم المعلم والطالب بجمع المعلومات عما يعرفه الطالب (المعرفة والفهم) وماذا يستطيع فعله (المهارات)، وعما يعتقده (المعتقدات ، والقيم ، والاتجاهات).

وتقوم عملية التقويم على جمع للمعلومات عبر الزمن ، ومن مصادر متنوعة (بما في ذلك التعينات والعروض والمشاريع والأداء والاختبارات) لتظهر مدى تحقيق الطلبة لنتاجات المنهاج، ويجب أن يزود التقويم الطلاب بتغذية راجعة لتوجيه تعلمهم المستقبلي وإعطائهم فرصة للتحسن، وسواء أكان التقويم تشخيصيا أم تكوينيا أم ختاميا فإن المعلومات التي يتم جمعها من التقويم تساعد المعلمين والطلبة على تحديد مواطن القوة والضعف وتحديد

الخطوات اللاحقة في البرامج التعليمية، وهذا يساعد الطلبة على وضع الأهداف ، ويبين للمعلمين المجالات التي تتطلب تدريسا أكثر فاعلية.

استراتيجيات التقويم وأدواته

شهدت السنوات، الأخيرة ثورة في مفهوم التقويم وأدواته، إذ أصبحت له أهداف جديدة ومتنوعة، وقد اقتضى ذلك التحول من المدرسة السلوكية التي تؤكد ضرورة أن يكون لكل درس أهداف عالية التحديد مصوغة بسلوك قابل للملاحظة والقياس، إلى المدرسة المعرفية التي تركز على ما يجري داخل عقل المتعلم من عمليات عقلية تؤثر في سلوكه ،والاهتمام بعمليات التفكير ، وبخاصة العمليات العليا مثل بلورة الأحكام واتخاذ القرارات وحل المشكلات، باعتبارها مهارات عقلية تمكن الإنسان من التعامل مع معطيات عصرـ المعلوماتية وتفجر المعرفة والتقنية المتسارعة التطور، وبذلك أصبح هناك توجه إلى الاهتمام بنتاجات تعلم أساسية من الصعب التعبير عنها بسلوك يتحقق في موقف تعليمي محدد.

أما استراتيجيات التقويم ، فتشمل:

أولا- استراتيجية التقويم المعتمدة على الأداء

Performance-bases Assessment

وتعني قيام المتعلم بتوضيح تعلمه،من خلال توظيف مهاراته في مواقف حياتية حقيقية،أو مواقف تحاكي المواقف الحقيقة، أو قيامه بعروض عملية يظهر من خلالها مدى إتقانه لما اكتسب من مهارات، في ضوء النتاجات التعليمية المراد إنجازها.

وتندرج تحت هذه الاستراتيجية فعاليات ،هي:

التقديم : وهو عرض مخطط له ومنظم ، يقوم به المتعلم ، أو مجموعة من المتعلمين لموضوع محدد، وفي موعد محدد؛ لإظهار مدى امتلاكهم لمهارات محددة،كأن يقدم المتعلم شرحا لموضوع ما مدعما بالتقنيات، مثل : الصور والرسومات والشرائح الإلكترونية.

العرض التوضيحي : وهو عرض شفوي أو عملي يقوم به المتعلم أو مجموعة المتعلمين لتوضيح مفهوم أو فكرة ،وذلك لإظهار مدى قدرة المتعلم على إعادة عرض المفهوم بطريقة صحيحة ولغة واضحة، كأن يوضح المتعلم مفهوما من خلال تجربة عملية أو ربطه بالواقع.

الحديث :وهو أن يتحدث المتعلم ، أو مجموعة من المتعلمين ،عن موضوع معين خلال مدة محددة وقصيرة، وغالبا ما يكون هذا الحديث سردا لقصة ، أو إعادة لرواية ، أو أن يقدم فكرة لإظهار قدرته على التعبير والتلخيص وربط الأفكار ، كأن يتحدث عن فلم شاهده ، أو رحلة قام بها،

أو قصة قرأها ، أو حـول فكـرة طرحـت في موقف تعليمـي ،أو ملخـص لأفكار مجموعة لنقلها إلى مجموعة أخرى.

الأداء العملي:وهو مجموعة من الإجـراءات التي تتخـذ لإظهار المعرفة والمهارات والاتجاهات، وذلك من خلال أداء المـتعلم لمهـمات محـددة ينفـذها عمليا،كأن يطلب إليه إنتاج مجسم أو استخدام الحاسوب .

المحاكاة / لعب الأدوار: وفيها ينفـذ المـتعلم حوارا أو نقاشـا ؛ بكـل مـا يرافقه من حركات وإيماءات يتطلبها الـدور، وفي موقـف يشـبه موقفا حياتيا حقيقيا.

المناقشة : وهي بين فريقين من المتعلمين ، يتم طرح قضية مـا وإجـراء مناقشة حولها ، حيث يتبنى كل فريق وجهة نظر مختلفة ، زيادةعلى محكم ، يتولى إظهار مدى قدرة المتعلمـين عـلى الإقنـاع والتواصل والاسـتماع الفعـال ، ويقوم بتقديم الحجج والبراهين والمبررات المؤيدة لوجهة نظره.

ثانيا: استراتيجية التقويم بالقلم والورقة pencil and paper

تعد هذه الاستراتيجية القائمـة عـلى الورقـة والقلـم ، والمتمثلـة بأنواعها المختلفة مـن الاسـتراتيجيات المهمـة التـي تقيس قـدرات المـتعلم في مجـالات معينة وتشكل جزءا مهما من برنامج التقويم في المدرسة.

ثالثا: استراتيجية الملاحظة Observation

هي عملية يتوجه فيها المعلم أو الملاحظ بحواسه المختلفة نحو المـتعلم؛ بقصد مراقبته في موقف نشط ،وذلك من أجل الحصول عـلى معلومـات تفيد في الحكم عليه، وفي تقويم مهارته وقيمه وسلوكه وأخلاقياته وطريقة تفكيره.

تكافؤ المجموعات

للتحقق من تكافؤ المجموعات الضابطة والتجريبية والذكور والإناث ، وقبل تطبيق البرنامج التعليمي، وتحديد نقطة البداية ، تم تطبيق الاختبار القبلي في مهارتي المحادثة والكتابة على مجموعات الدراسة في آن واحد وضمن ظروف واحدة ومحددة لتحديد ما إذا كان هناك فروق في القدرة على المحادثة والكتابة بين أداء طلبة المجموعات قبل التجريب، ثم استخراج المتوسطات الحسابية والانحرافات المعيارية لأداء طلبة المجموعات الضابطة والتجريبية ، وللجنس (الذكور والإناث) والجدول (2) يبين ذلك.

الجدول (3)

المتوسطات الحسابية والإنحرافات المعيارية لمجموعتي الدراسة (التجريبية والضابطة) والجنس (الذكور والإناث) على الاختبار القبلي لمهارة المحادثة

المجموعة	الجنس	العدد	المتوسط الحسابي	الانحراف المعياري
التجريبية	الذكور	32	70.56	15.69
	الإناث	32	73.34	11.28
	المجموع	64	71.95	13.62
الضابطة	الذكور	31	71.68	13.23
	الإناث	32	70.25	13.07
	المجموع	63	70.95	13.06
المجموعتان الضابطة والتجريبية	الذكور	63	71.12	14.46
	الإناث	64	71.80	12.18
	المجموع	127	71.45	13.34

يبين الجدول (3) وجود فروق ظاهرة في المتوسطات الحسابية لمجموعتي الدراسة الضابطة والتجريبية لكل من الذكور والإناث في مهارة المحادثة ؛ إذ بلغ المتوسط الحسابي للمجموعة التجريبية للذكور (70.56) بانحراف معياري مقداره (15.69) ، أما المجموعة التجريبية للإناث فقد بلغ متوسطها الحسابي (73.34) بانحراف معياري مقداره (11.28) ، وبلغ المتوسط الحسابي للمجموعة التجريبية لكل من الذكور والإناث (71.95) وبانحراف معياري مقداره (13.62) .

وبلغ المتوسط الحسابي للمجموعة الضابطة للذكور (71.68) بانحراف معياري مقداره (13.23) . أما المجموعة الضابطة للإناث فقد بلغ متوسطها الحسابي (70.25) وانحراف معياري مقداره (13.07) . وبلغ المتوسط الحسابي للمجموعة الضابطة لكل من الذكور والإناث (70.95) بانحراف معياري مقداره (13.06). وكان المتوسط الحسابي للذكور في مجموعتي الدراسة (71.12) بانحراف معياري مقداره (14.46) ، وللإناث (71.80) بانحراف معياري مقداره (12.18)، وبلغ المتوسط الحسابي لمجموعتي الدراسة التجريبية والضابطة من الذكور والإناث (71.45) بانحراف معياري مقداره (13.34) .

ولمعرفة دلالة هذه الفروق بين المتوسطات إحصائيا ، تم استخدام تحليل التباين الثنائي (Tow Way ANOVA) كما هو موضح في الجدول (4).

الجدول (4)

نتائج تحليل التباين الثنائي لأداء الطلبة في مهارة المحادثة على الاختبار القبلي وفقا لمجموعتي الدراسة والجنس والتفاعل بينهما

مصدر التباين	مجموعة المربعات	درجات الحرية	متوسط المربعات	قيمة (ف)	الدلالة
المجموعة	31.08	1	31.08	0.17	0.68
الجنس	14.55	1	14.55	0.08	0.78
المجموعة X الجنس	140.57	1	140.57	0.78	0.38
الخطأ	22117.87	123	179.82		
المجموع	22304.06	126			

يتضح من الجدول (4)

- عدم وجود فروق ذات دلالة إحصائية عند مستوى دلالة (0.05 = ∝) تعزى إلى مجموعتي الدراسة (الضابطة والتجريبية) في اختبار مهارة المحادثة ؛ إذ بلغت الدلالة (0.68) .

- عدم وجود فروق ذات دلالة إحصائية عند مستوى دلالة (0.05 = ∝) تعزى إلى التفاعل بين مجموعتي الدراسة والجنس في اختبار مهارة المحادثة؛ إذ بلغت الدلالة (0.38)، وهذا يدل على التكافؤ بين المجموعتين (التجريبية والضابطة) والجنس في مهارة المحادثة في الاختبار القبلي.

الجدول (5)

المتوسطات الحسابية والإنحرفات المعيارية لمجموعتي الدراسة (التجريبية والضابطة) والجنس (الذكور والإناث) على الاختبار القبلي لمهارة الكتابة

المجموعة	الجنس	العدد	المتوسط الحسابي	الإنحراف المعياري
التجريبية	الذكور	32	71.13	13.84
	الإناث	32	69.74	12.58
	المجموع	64	70.30	13.15
الضابطة	الذكور	31	67.45	13.88
	الإناث	32	67.13	13.77
	المجموع	63	67.29	13.71
المجموعتان الضابطة والتجريبية	الذكور	63	69.29	13.86
	الإناث	64	68.30	13.17
	المجموع	127	68.80	13.35

يبين الجدول (5) وجود فروق ظاهرة في المتوسطات الحسابية لمجموعتي الدراسة الضابطة والتجريبية لكل من الذكور والإناث في مهارة الكتابة ؛ إذ بلغ المتوسط الحسابي للمجموعة التجريبية للذكور (71.13) بانحراف معياري مقداره (13.84) ، أما المجموعة التجريبية للإناث فقد بلغ متوسطها الحسابي (69.47) بانحراف معياري مقداره (12.58) ،

وبلغ المتوسط الحسابي للمجموعة التجريبية لكل من الـذكور والإنـاث (70.30) بانحراف معياري مقداره (13.15).

وبلغ المتوسط الحسابي للمجموعة الضابطة للذكور (67.45) بانحراف معياري مقداره (13.88) . أمـا المجموعـة الضابطة للإنـاث فقـد بلـغ متوسطها الحسابي (67.13) وانحراف معياري مقداره (13.77) . وبلـغ المتوسط الحسابي للمجموعة الضابطة لكـل مـن الـذكور والإنـاث (67.29) بـانحراف معياري مقداره (13.71). وكـان المتوسـط الحسابي للـذكور في مجموعتي الدراسة (69.29) بانحراف معياري مقداره (13.86)، وللإنـاث (68.30) بـانحراف معيـاري مقـداره (13.17)، وبلـغ المتوسـط الحسابي لمجموعتي الدراسـة التجريبيـة والضـابطة مـن الـذكور والإنـاث (68.80) بانحراف معياري مقداره (13.35) .

ولمعرفة دلالة هذه الفروق بين المتوسطات إحصائيا ، تم استخدام تحليل التباين الثنائي (Tow Way ANOVA) كما هو موضح في الجدول (6).

الجدول (6)

نتائج تحليل التباين الثنائي لأداء الطلبة في مهارة الكتابة على الاختبار القبلي وفقا لمجموعتي الدراسة والجنس والتفاعل بينهما

مصدر التباين	مجموعة المربعات	درجات الحرية	متوسط المربعات	قيمة (ف)	الدلالة
المجموعة	287.33	1	287.33	1.57	0.21
الجنس	31.20	1	31.20	0.17	0.68
المجموعة X الجنس	14.03	1	14.03	0.08	0.78
الخطأ	22502.65	123	182.95		
المجموع	22835.21	126			

يتضح من الجدول (6)

- عدم وجود فروق ذات دلالة إحصائية عند مستوى دلالة (0.05 = ∝) تعزى إلى مجموعتي الدراسة (الضابطة والتجريبية) في اختبار مهارة الكتابة ؛ إذ بلغت الدلالة (0.21) .

- عدم وجود فروق ذات دلالة إحصائية عند مستوى دلالة (0.05 = ∝) تعزى إلى التفاعل بين مجموعتي الدراسة والجنس في اختبار مهارة الكتابة؛ إذ بلغت الدلالة (0.78)، وهذا يدل على التكافؤ بين المجموعتين (التجريبية والضابطة) والجنس في مهارة الكتابة في الاختبار القبلي.

متغيرات الدراسة

يتضمن تصميم الدراسة شبه التجريبية المتغيرات الآتية:

المتغير المستقل : وهو البرنامج التعليمي، وله مستويان:

* البرنامج التعليمي القائم على استخدام الوسائط المتعددة

* البرنامج الاعتيادي في تعلم مهارات المحادثة والكتابة للصف الرابع الأساسي.

المتغير المعدل: وهو الجنس وله مستويان: ذكر (طالب) .

أنثى (طالبة).

المتغير التابع : - مهارات المحادثة .

— مهارات الكتابة .

تصميم الدراسة

اتبعت الدراسة المنهج شبه التجريبي المتمثل في تقديم اختبار قبلي قبل المعالجة، ثم اختبار بعدي في مهارتي المحادثة والكتابة ، ويمكن تمثيل تصميم الدراسة على النحو الآتي:

$$G_1 : O_1 \ O_2 \ X \ O_1 \ O_2$$

$$G_2 : O_1 \ O_2 \ - \ O_1 \ O_2$$

G_1 : المجموعة التجريبية.

G_2 : المجموعة الضابطة.

O_1 : اختبار مهارة المحادثة يقدم قبليا وبعديا للمجموعتين.

O_2 : اختبار مهارة الكتابة يقدم قبليا وبعديا للمجموعتين.

X : المعالجة من خلال البرنامج التعليمي المقترح.

المعالجات الإحصائية

وللإجابة عن أسئلة الدراسة قام الباحث أولا بالتحقق من تكافؤ مجموعات الدراسة؛ التجريبية والضابطة لكل من الذكور والإناث ، وذلك باستخراج المتوسطات الحسابية والانحرافات المعيارية ، ثم استخدام تحليل التباين الثنائي (TW Way ANOVA) . وللتحقق من ثبات الاختبار التحصيلي تم استخدام معادلة كوردر ريتشاردسون (K R-20) . و للتأكد من دلالة التصحيحين لاختبار مهارتي المحادثة والكتابة تم استخدام معامل بيرسون، ولمعرفة دلالة الفروق بين المتوسطات الحسابية على اختبار مهارتي

المحادثة والكتابة البعدي، تم استخدام تحليل التغاير المشترك (Analysis Of Canalize) .

إجراءات تطبيق الدراسة الميدانية

- تحديد أفراد الدراسة من طلبة الصف الرابع الأساسي في مدرسة بلال بن رباح الأساسية للبنين، ومدرسة البتراء الأساسية المختلطة، للعام الدراسي 2006/2005.
- الحصول على كتاب من جامعة عمان العربية لوزارة التربية والتعليم ، لتسهيل مهمة الباحث في تطبيق البرنامج التعليمي في مدارسها ، ملحق (15).
- الحصول على الموافقة الرسمية من وزارة التربية ، ملحق (16) ، (17) لتطبيق الدراسة في مدارسها.
- تطبيق أداتي الدراسة استطلاعيا : البرنامج التعليمي في مدرسة مارية القبطية الأساسية للبنات الشعبة (ب) ، وتطبيق اختبار مهارتي المحادثة والكتابة في مدرسة اليرموك الأساسية الشعبة (ج) ، وهما شعبتان غير مشاركتين في الدراسة.
- تطبيق الاختبار القبلي على عينة الدراسة في المدرستين قبل البدء بتطبيق الدراسة في آن واحد وتحت الظروف نفسها ؛ لتعرف مدى تكافؤ المجموعات ، ويمتاز الاختبار بالصدق والثبات ، وأجريت له معاملات الصعوبة والتميز، ملحق (9).

- بعد تطبيق الاختبار القبلي على شعبتي الذكور ، وشعبتي الإناث ، عقد الباحث ثلاثة لقاءات مع المعلمين المنفذين، ، ونوقشت بعض مهارات المحادثة والكتابة، وأهداف البرنامج ومحتوياته والأنشطة والتدريبات الصفية، وطرائق التدريس وكيفية تنفيذها، وأساليب التقويم، وقدم الباحث دليلا للمعلمين يمكنهما من السير في تنفيذ البرنامج بسهولة، ملحق (13).

- تهيئة المختبر المخصص من حيث التأكد من صلاحية أجهزة الحاسوب وجهاز عرض (Data show). وتنظيم جلوس الطلبة بحيث يمكن أن يعملوا جماعات أو فرادى حسب الأنشطة المقررة.

- قدم الباحث بحضور المعلمين حصتين صفيتين لطالبات الصف الرابع الأساسي في مدرسة البتراء المختلطة الشعبة (ج) وهي غير مشاركة في الدراسة، حيث تم تنفيذ الدرس الثاني (عصر الحاسوب) وأجاب الباحث عن استفسارات المعلمين.

- أجرى الباحث ثلاث زيارات صفية لكل مدرسة في أثناء تنفيذ الدراسة،وللمجموعتين التجريبية والضابطة، واطلع من خلالها على سير العملية التعليمية وتثبت من مدى تطبيق المعلمين للإجراءات التعليمية- التعليمة المحددة في البرنامج التعليمي.

- بعد الانتهاء من الدراسة أعاد الباحث تطبيق الاختبار نفسه على المجموعتين التجريبيتين، والمجموعتين الضابطتين في ظروف متكافئة يوم الأربعاء 2006/5/22.

- جمع البيانات ، وتحديد النتائج وتفسيرها.

- التوصل إلى عدد من التوصيات في ضوء النتائج.

الفصل الرابع

نتائج الدراسة

نتائج الدراسة

يتناول الباحث في هذا الفصل الإجابة عن أسئلة الدراسة ، والتحقق مـن فرضياتها ، والمعالجة الإحصائية لبيانات أداء الطلبة في اختبار مهارتي المحادثة والكتابة ، وذلك بهدف تحديد مدى فاعلية البرنامج المقترح.

وستعرض نتائج البحث وفق أسئلة الدراسة وفرضياتها كالآتي:

السؤال الأول: ما مكونات البرنامج التعليمي لتنمية مهارات التحدث والكتابة لدى طلبة المرحلة الأساسية؟

قد أجيب عن هذا السؤال في الفصل الثالث مـن هـذه الدراسة ، حيث عرضت إجراءات بناء البرنامج المقترح ، من حيث تحديد أهدافه ، ومسوغات بنائه، واختيار محتواه، وبيان استراتيجيات التدريس الملاءمة بمساعدة الوسائط المتعددة ، ووضع إجراءات التقويم المناسبة لـه، وبنيت إجراءات تحكيم النسـخة الورقيـة للبرنامج ، وإجراء التعـديل عليهـا، ثم تحويلهـا إلى برنامج باستخدام الوسائط المتعـددة، ومـا اسـتلزمه ذلك مـن تحكيم للتأكـد مـن المواصفات العلمية والفنية والتربوية له.

أما الأسئلة الأربعـة التي تناولـت فاعليـة البرنامج التعليمـي المقـترح في تنمية مهارات المحادثة والكتابة ، فقد تطلبت الإجابـة عنها صياغة فرضيات بحثية ، تم اختبارها إحصائيا وهي:

السؤالين الأول والثالث: هل هناك اختلاف في تنمية مهارات التحدث لدى طلبة المرحلة الأساسية يعزى إلى نوع البرنامج (برنامج تعليمي باستخدام الوسائط المتعددة والبرنامج الاعتيادي)؟

هل هناك اختلاف في تنمية مهارات التحدث يعزى إلى التفاعل بين الجنس والبرنامج التعليمي (البرنامج الاعتيادي والقائم على الوسائط المتعددة) لدى طلبة المرحلة الأساسية ؟

للإجابة عن السؤالين البحثيين ، استخرجت المتوسطات الحسابية ، والانحرافات المعيارية على اختبار مهارة المحادثة ، و تم إجراء تحليل التغاير المشترك لتعرف دلالة الفروق الإحصائية بين المتوسطات الحسابية لأداء طلبة الصف الرابع الأساسي في الاختبار البعدي لمجموعتي الدراسة التجريبية والضابطة حسب نوع البرنامج والتفاعل ، ويوضح الجدول (7) ذلك.

الجدول (7)

المجموع		الإناث		الذكور		المجموعة
الانحراف المعياري	المتوسط الحسابي	الانحراف المعياري	المتوسط الحسابي	الانحراف المعياري	المتوسط الحسابي	
9.48	78.06	9.58	77.88	9.52	78.25	التجريبية
15.29	71.32	18.07	71.28	12.07	71.35	الضابطة

المتوسطات الحسابية والانحرافات المعيارية لأداء طلبة الصف الرابع الأساسي على اختبار مهارة المحادثة البعدي لمجموعتي الدراسة والجنس.

يتضح من الجدول (7) المتوسطات الحسابية والانحرافات المعيارية لأداء الطلبة بحسب متغيري نوع البرنامج والبرنامج التعليمي والطريقة الاعتيادية ، والجنس (الذكور والإناث) ، إذ بلغ المتوسط الحسابي للذكور (78.25) بانحراف معياري (9.52) في المجموعة التجريبية ، مقابل (71.35) بانحراف معياري (12.07) للمجموعة الضابطة ، بينما بلغ المتوسط الحسابي للإناث (77.88) بانحراف معياري (9.58) ، مقابل (71.28) بانحراف معياري (18.07) للمجموعة الضابطة، وبلغ المتوسط الحسابي الكلي (78.06) بانحراف معياري (9.48) في المجموعة التجريبية ، بينما بلغ (71.32) وانحراف معياري (15.29) في المجموعة الضابطة. ويتضح أن المتوسط الحسابي للذكور أعلى منه للإناث ، ولبيان الفروق إن كانت دالة إحصائيا تم استخدام تحليل االتغايرالمشترك كما في الجدول (8).

الجدول (8)

نتائج تحليل التغاير المشترك (Analysis Of Canalize) لأداء طلبة الصف الرابع الأساسي على اختبار مهارة المحادثة وفقا لأثر نوع البرنامج (البرنامج التعليمي باستخدام الوسائط المتعددة والبرنامج الاعتيادي) والجنس (الذكور والإناث) والتفاعل بينهما.

الدلالة	" ف "	متوسط المربعات	درجات الحرية	مجموع المربعات	مصدر التباين
0.01	7.84	1216.05	1	1216.05	القياس القبلي
0.00	8.66	1344.44	1	1344.44	المجموعة
0.86	0.03	4.65	1	4.65	الجنس
0.77	0.08	13.09	1	13.09	المجموعة Xالجنس
		155.21	122	18935.02	الخطأ
			126	21513.25	المجموع

يتضح من الجدول (8) الآتي:

- وجود فروق ذات دلالة إحصائية عند مستوى (∝= **0,05**) تعزى إلى أثر نوع البرنامج، وجاءت الفروق لصالح المجموعة التجريبية في اختبار مهارات المحادثة ، إذ بلغ مستوى الدلالة (0.00).

−   عدم وجود فـروق ذات دلالـة إحصائيـة عنـد مسـتوى

(∝= 0,05) تعـزى إلى أثـر التفاعـل بـين نـوع البرنـامج والجـنس في
اختبار مهارات المحادثة، إذ بلغ مستوى الدلالة   (0.77).

السؤالين الثاني والرابع: هل هناك اختلاف في تنمية مهارات الكتابة لدى طلبة المرحلة الأساسية يعزى إلى نـوع البرنـامج (برنـامج تعليمـي باستخدام الوسائط المتعددة والبرنامج الاعتيادي) ؟

هل هناك اختلاف في تنمية مهارات الكتابة يعـزى إلى التفاعـل بـين الجنس والبرنـامج التعليمـي (البرنـامج الاعتيادي والقـائم عـلى الوسـائط المتعددة) لدى طلبة المرحلة الأساسية ؟

للإجابة عن السؤالين البحثين، تـم اسـتخراج المتوسـطات الحسـابية ، والانحرافات المعيارية على اختبار مهارة الكتابة ، و تم إجـراء تحليـل التغـاير المشترك لتعرف دلالة الفروق الإحصائية بين المتوسـطات الحسـابية لأداء طلبـة الصـف الرابـع الأسـاسي في الاختبـار البعـدي لمجمـوعتي الدراسـة التجريبيـة والضابطة حسب نوع البرنامج ، ويوضح الجدول (9) ذلك.

المجموعة	الذكور		الإناث		المجموع	
	المتوسط الحسابي	الانحراف المعياري	المتوسط الحسابي	الانحراف المعياري	المتوسط الحسابي	الانحراف المعياري
التجريبية	78.25	11.91	75.81	10.68	77.03	11.29
الضابطة	72.32	11.78	70.13	12.95	71.21	12.34

الجدول (9)

المتوسطات الحسابية والانحرافات المعيارية لأداء طلبة الصف الرابع الأساسي على اختبار مهارة الكتابة البعدي لمجموعتي الدراسة والجنس.

يتضح من الجدول (9) المتوسطات الحسابية والانحرفات المعيارية لأداء الطلبة حسب متغيري نوع البرنامج (البرنامج التعليمي والطريقة الاعتيادية)، والجنس (الذكور والإناث) ، إذ بلغ المتوسط الحسابي للذكور (78.25) بانحراف معياري (11.91) في المجموعة التجريبية ، مقابل (72.32) بانحراف معياري (11.78) للمجموعة الضابطة ، بينما بلغ المتوسط الحسابي للإناث (75.81) بانحراف معياري (10.68) ، مقابل (70.13) بانحراف معياري (12.95) للمجموعة الضابطة، وبلغ المتوسط الحسابي الكلي (77.03) بانحراف معياري (11.29) في المجموعة التجريبية ، بينما بلغ (71.21) وانحراف معياري (12.34) في المجموعة الضابطة. ويتضح أن المتوسط الحسابي للذكور أعلى منه للإناث ، ولبيان هذه الفروق إن كانت دالة إحصائيا تم استخدام تحليل التباين المشترك الثنائي كما في الجدول (10) .

جدول (10)

نتائج تحليل التغاير المشترك (Analysis Of Canalize) لأداء طلبة الصف الرابع الأساسي على اختبار مهارة الكتابة وفقا لأثر نوع البرنامج (البرنامج التعليمي باستخدام الوسائط المتعددة والبرنامج الاعتيادي) والجنس (الذكور والإناث) والتفاعل بينهما.

الدلالة	" ف "	متوسط المربعات	درجات الحرية	مجموع المربعات	مصدر التباين
0.00	57.19	5520.63	1	5520.63	القياس القبلي
0.02	6.05	584.21	1	584.21	المجموعة
0.30	1.10	105.75	1	105.75	الجنس
0.90	0.01	1.39	1	1.39	المجموعة Xالجنس
		96.53	122	11776.52	الخطأ
			126	17688.51	المجموع

يتضح من الجدول (10)

- وجود فروق ذات دلالة إحصائية عند مستوى ($\propto$= 0,05) تعزى إلى أثر نوع البرنامج، وجاءت الفروق لصالح المجموعة التجريبية في اختبار مهارات الكتابة ، إذ بلغ مستوى الدلالة (0.02).

- عدم وجود فروق ذات دلالة إحصائية عند مستوى ($\propto$= 0,05)
، تعـزى إلى أثـر التفاعـل بـين نـوع البرنـامج والجـنس في اختبـار مهـارات
الكتابة. إذ بلغ مستوىالدلالة (0.90).

الفصل الخامس

مناقشة النتائج والتوصيات

مناقشة النتائج والتوصيات

يتناول هذا الفصل مناقشة أبرز النتائج التي توصلت إليها الدراسة وتفسيرها ، ثم التوصيات التي انبثقت عنها، وذاك بعرض أهم النتائج المتعلقة بكل فرضية، مع محاولة تقديم التفسيرات المنطقية للنتائج، مدعمة بالأدب النظري، ونتائج الدراسات السابقة التي ترتبط بهذه الدراسة سواء أكانت تتفق معها أم تختلف، مبينا مواضع الاتفاق والاختلاف بينهما.

مناقشة النتائج المتعلقة بالسؤال البحثي الأول والثالث :

السؤال الأول : هل هناك اختلاف في تنمية مهارات التحدث لدى طلبة المرحلة الأساسية يعزى إلى نوع البرنامج (برنامج تعليمي باستخدام الوسائط المتعددة والبرنامج الاعتيادي)؟

هل هناك اختلاف في تنمية مهارات التحدث يعزى إلى التفاعل بين الجنس والبرنامج التعليمي (البرنامج الاعتيادي والقائم على الوسائط المتعددة) لدى طلبة المرحلة الأساسية.

أظهرت النتائج وجود فروق ذات دلالة إحصائية بين أداء المجموعتين؛ التجريبية التي درست بالبرنامج التعليمي المقترح باستخدام الوسائط المتعددة لتنمية مهارات المحادثة، والضابطة التي درست بالبرنامج الاعتيادي في التطبيق البعدي لاختبار مهارات المحادثة لصالح المجموعة التجريبية.

ويستدل من هذه النتائج على فاعلية البرنامج التعليمي المقترح في تنمية مهارات المحادثة، بدليل الفرق في الاختبارالتحصيلي البعدي بين متوسطات

أداء المجموعة التجريبية (78.06) ومتوسط أداء المجموعة الضابطة (71.32).

ويمكن أن يعزى هذا التفوق إلى البرنامج التعليمي، وذلك من خلال تقديم المحتوى المقرر لطلبة الصف الرابع الأساسي عن طريق صياغة الخبرات والحقائق التي تعرض إليها الطلبة بأسلوب وظيفي بحيث يقلل أساليب العرض السردي والتلقين، وإضافة خبرات جديدة تتناسب والمستوى النمائي للطلبة، وزيادة حقائق ومصادر متنوعة تظهر الدور التربوي الجديد للمتعلم، وتعزيز القدرة على البحث والتعلم. وقد تضمن هذا البرنامج أنشطة وتدريبات، ملائمة لطبيعة المهارات التي يسعى الباحث إلى تنميتها، وإثارة دافعية الطلبة نحو التعلم، مما ساعد على تنظيم الأفكار، وخلق الوعي لديهم بالمهارات التي يجب أن تبقى حاضرة في أذهانهم في أثناء المحادثة والكتابة.

ولعل أهم ما يميز هذا البرنامج وجود استراتيجيات للتفكير يمارسها الطلبة من خلال الأنشطة والتدريبات المتنوعة، فضلا عن توفير فرص من التعاون بين الطلبة أحيانا والتنافس أحيانا أخرى، زيادة على استخدام استراتيجيات وطرائق تدريس توفر الفرص لممارستها من قبل الطلبة، بحيث تطور المهارات الأساسية لديهم، لأن التعليم النوعي المنشود يتطلب الخروج من الجمود التعليمي القائم على التلقين وحفظ المعلومات واسترجاعها إلى الحيوية الناتجة عن الاستكشاف والبحث والتحليل والتعليل وحل المشكلات، فضلا عن توظيف استراتيجيات وأدوات تقويم داعمة تؤكد ضرورة أن يكون لكل درس أهداف عالية التحديد مصوغة بسلوك قابل للملاحظة والقياس،

وتتعـداه لقيـاس مقومـات شخصـية الطالـب بشـتى جوانبهـا ؛ وبـذلك اتسعت وتنوعت طرائقه وأساليبه.

وتتفـق هـذه النتيجـة مـع دراسـات كـل مـن (الطيطـي ،2000 ؛ الخمايسـة،2003 ؛ الطـورة ، 2004؛ الحجايـا، 2004؛ العجارمـة، 2006)، التـي أشارت إلى أن مهارات المحادثة تنمى إذا ما قدمت للطلبة ضمن برامج منظمة ومخطط لها ومعدة جيدا تستثير عقولهم، وتتضمن أنشـطة وتـدريبات تزيـد من دافعيتهم ، وتستثمر طاقاتهم ضمن إطار يتسم بالتسـامح مـع الأخطـاء ، وتشجع الاختلاف، وتوفر مناخا نفسيا وعقليا يستطيع الطلبة من خلاله التعبير عن أنفسهم بصورة فاعلة وتلقائية ،وهذا ما يتفق مع دراسـة نصرـ والعبـادي (2005) ،من أن تعليم مهارة الكلام بصورة متسلسـة ومنطقيـة يجعـل الطلبـة مستقلين ومعتمدين على أنفسهم مما يسهم في تنمية مهارات الكلام لديهم .

وقد يعود التفوق في المجموعة التجريبية إلى أثر التكنولوجيـا والوسـائط المتعددة ، فالطالب في هذه المرحلة العمرية يرغـب بالتعامـل مـع الحاسـوب والإنترنت بشكل عام ، ويميل إلى التجديد، وما يقدمه في البرامج المحوسبة أكـثر مما يقدمه من الطريقة التقليدية، زيادة على تحويل البيئة الصـفية التقليديـة إلى مختبر مليء بالألوان والأصوات والحركة ، مما يضفي على الموقف التعليمي جدة وإثارة يفتقـر إلـيهما الطلبـة في الصـف العـادي ، فالطالـب يتعامـل مـع وسائط تتحدى تفكيره ، وتثير حب الاسـتطلاع لديـه، واتقـان مهـارات معرفيـة جيدة، وبما أن العملية المعرفيـة ومسـتوياتها العليـا تعمـل عـلى خلـق مـتعلم يتصف بالمهارة والإتقان، فإن عملية التحفيز تجعل من عملية تحسين مستوى

المتعلم مسألة مهمة ذات قيمة وهدف يسعى إلى تحقيقه. إضافة إلى التصميم الفني للبرنامج الذي يزيد من تفاعلهم مع النصوص والأنشطة والتدريبات بإتاحة الفرصة لهم بالتعامل مع التكنولوجيا التي تستهوي الطلبة مما يجعلهم يقبلون على التعلم بدافعية عالية.

وجاءت نتائج هذه الدراسة متفقة مع دراسة أبراهام (Abraham, 2001) التي تفوقت فيها المجموعة التجريبية التي تعلمت مفردات اللغة والاستيعاب القرائي باستخدام الوسائط المتعددة على المجموعة الضابطة. ودراسة الحايك (2005) التي أظهرت نتائجها أثر استخدام التكنولوجيا التعليمية مثل : الفيديو والحاسوب والإنترنت والعروض المرفقة بالصورة والصوت والحركة واللون في نمو مهارات القراءة الإبداعية لدى الطلبة، وتتفق مع دراسة صالح (2001) التي قامت على استخدام الوساتط المتعددة في التحصيل الفوري والمؤجل لطلبة الصف التاسع الأساسي في قواعد اللغة العربية عن طريق استثمار هذه الوسائط وبيان أثر هذه الوسائط في تحصيل الطلبة، وتلتقي هذه النتيجة مع ما أشار إليه القحطاني (1999) من أن استخدام الوسائط المتعددة مثل الصوت والصورة والحركة واللون يؤدي دورا مهما في استيعاب الطلبة للنص.

واختلفت نتائج هذه الدراسة عن نتائج دراسة (حمدي وعويدات ، 1994) التي أظهرت نتائجها عدم وجود فروق دالة إحصائية بين المجموعتين التجريبية والضابطة التي درست بوساطة الحاسوب في الاستيعاب القرائي.

وأظهرت نتائج الدراسة عدم وجود فروق ذات دلالة إحصائية بين متوسطات علامات طلبة الصف الرابع الأساسي في اختبار المحادثة البعدي

تعزى إلى أثرالتفاعل بين نوع البرنامج والجنس، وهذا يعني أنه لا يوجد تفاعل بين متغيري (نوع البرنامج والجنس) .وهذا يدل على أن المادة التعليمية القائمة على استخدم الوسائط المتعددة لتنمية مهارات التحدث لم تكن متحيزة لأي من الجنسين. ومرد ذلك برأي الباحث إلى الدور الذي قام به البرنامج التعليمي في مساعدة الطلبة على ممارسة أشكال مختلفة من المعالجات العقلية للمعلومات المتوافرة لديهم، وما تولد عنها من عمليات ذهنية أدت إلى إعادة النظر بالأبنية المعرفية ، وإحداث تغييرات نوعية فيها، مما جعل الطلبة أقدر على المحادثة والتعبير.

وقد يعود تفوق البرنامج إلى أن البرنامج التعليمي يتفق والتوجيهات الحديثة التي تجعل الطالب محورا للعملية التعليمية والتعلمية ، فلم يعد الطالب متلقيا سلبيا للمعلومة بل أصبح مشاركا فاعلا في الحصول على المعلومة من مصادرها المتنوعة ، وفاعلا في إنتاجها أيضا ، لذا فإن الفرصة في هذا البرنامج متاحة للطالب لكي يعبر عن قدراته وإبداعاته عن طريق مروره بخبرات عملية حقيقة دون قيد.

وتتفق هذه النتيجة مع دراسة أبو حرب (1990) ، ودراسة الغول (1997) ، ودراسة الطورة (2004) ، وتعني هذه النتيجة، أن أثر المعالجة في المتغير التابع، لا يتأثر بالجنس.

وتختلف نتائج هذه الدراسة مع نتائج دراسة مطالقة (1998)، وتتعارض مع دراسة الذيابات(2001).

السؤال الثاني والرابع : هل هناك اختلاف في تنمية مهارات الكتابة لدى طلبة المرحلة الأساسية يعزى إلى نوع البرنامج (برنامج تعليمي باستخدام الوسائط المتعددة والبرنامج الاعتيادي) ؟

هل هناك اختلاف في تنمية مهارات الكتابة يعزى إلى التفاعل بين الجنس والبرنامج التعليمي (البرنامج الاعتيادي والقائم على الوسائط المتعددة) لدى طلبة المرحلة الأساسية ؟

أظهرت النتائج وجود فروق ذات دلالة إحصائية بين أداء المجموعتين التجريبية التي درست بالبرنامج التعليمي المقترح باستخدام الوسائط المتعددة لتنمية مهارات الكتابة ، والضابطة التي درست بالبرنامج الاعتيادي في التطبيق البعدي لاختبار مهارات والكتابة لصالح المجموعة التجريبية.

ويستدل من هذه النتائج على فاعلية البرنامج التعليمي المقترح في تنمية مهارات والكتابة، بدليل الفرق في الاختبار البعدي بين متوسطات أداء المجموعة التجريبية (77.0) ومتوسط أداء المجموعة الضابطة (71.21).

وقد يعود السبب في ارتفاع المتوسطات الحسابية للمجموعة التجريبية إلى التعلم الذي تلقته المجموعة التجريبية في البرنامج التعليمي ، سواء ما يتعلق بمستوى البرنامج في تعلم المهارات الكتابية أم على مستوى المضمون في إكساب الطلبة أفكار ومعان وتصورات ومقترحات مبتكرة قدمها البرنامج التعليمي.

وربما يعزى هذا التفوق أيضا إلى التنوع في عرض الموضوعات والمعلومات والأنشطة والأساليب ، وملاءمة هذه الموضوعات إلى طبيعة هذه المهارات ، إذ تنوعت في المضامين مما يمكن المتعلم من تحديد المهارات

المستهدفة في هذه الموضوعات، وإلى التغذية الراجعة الفورية التي تؤدي إلى تعزيز الإجابة الصحيحة ، وإصلاح الإجابة غير الصحيحة ، وإلى إثارة دا فعية الطلبة نحو التعلم نتيجة لتمتعهم باستخدام الوسائط المتعددة في التعليم.

وقد يعود تفوق المجموعة التجريبية إلى فاعلية سهارات التعبير الكتابي التي زود بها الطلبة ، حيث إن معرفة المتعلم المسبقة لما يجب عليه أداؤه ، واستخدامه إياه تساعد على تنظيم جهوده، وتركيز انتباهه على مكونات هذا الأداء ، وخلق الوعي لديه بالمهارات التي يجب أن تظل حاضرة في ذهنه في أثناء الكتابة (Otto & Chester, 1986).

كذلك فإن تزويد الطالب بمهارات التعبير الكتابي تساعده على تقويم عمله، فيركز على المهارات التي يجب أن تتخلل كتابته، كما أن مهارات التعبير الكتابي توجه نشاط الطالب ، وتنظمه نحو ما يطلب منه كتابته، وتثير في نفسه الرغبة في التعلم، لأنها تقوده إلى الهدف الذي يتوخاه ؛ ولأن هذه المهارات التي يزود بها الطلبة كأهداف تعليمية تصبح مع مرور الوقت مهارات أساسية يوظفها الطالب ويستغلها في موضوعات التعبير الكتابي ، فتزيد من إبداعه في كتابة الموضوعات (عصر، 1999).

زيادة على ذلك فالبرنامج بمهاراته أتاح للطلبة فرصة التفاعل مع ما اشتملت عليه الموضوعات من تدريبات وأنشطة ، وما طرح حولها من أفكار وآراء وتفاصيل موضحة مقارنة مع طلبة المجموعة الضابطة التي اقتصر عملها على قراءة الموضوعات ومناقشته مع المعلم ، وكتابة عناصره على السبورة ثم تكليف الطلبة بالكتابة فيه. كما أن البرنامج يقدم شيئا جديدا ومثيرا لدى

الطلبة ؛ إذ لم يتعود الطلبة على مثل هذه التدريبات التي احتواها البرنامج وبخاصة في حصص التعبير.

وقد يعزى التحسن إلى استخدام الوسائط المتعددة والحاسوب إلى توفير المناخ المناسب الذي يرفع من إنتاجية الطلبة ودافعيتهم نحو التعلم.

وقد يكون هذا التفوق عائدا إلى ارتباط مهارات التعبير الكتابي في الحياة العملية للطلبة مثل: مهارة القدرة على تدعيم الفكرة الرئيسة بمجموعة أفكار فرعية، ومهارة القدرة على استخدام أدوات الربط المناسبة، وإلى تضمين البرنامج بعض المهارات التي لم يسبق للطلبة التدرب عليها مثل مهارة القدرة على بناء الفقرات ومهارة التلخيص.

كما أن تلقي الطلبة التغذية الراجعة الفورية في أثناء تطبيق البرنامج التعليمي ، والتنويع فيها ، وتعرفهم أوجه الصواب والخطأ باستمرار ؛ أتاح للطلبة الفرصة لتجويد كتاباتهم ، والابتعاد عن نواحي القصور ، حيث كانت هناك تغذية راجعة من المعلم، وتغذية راجعة من الزملاء ، وتغذية راجعة للطالب ذاته، فقد أعطي كل طالب الفرصة ليبدي رأيه فيما كتبه زميله وهذا أثر في تحسين الكفاية الكتابية لدى الطلبة.

وجاءت نتائج هذه الدراسة متفقة مع دراسة Defoe (2000) التي توصلت إلى أن استخدام استراتيجيات الكتابة الموجهة قد ساعد الطلبة على تقديم مستوى أفضل ، وتنمية المهارات الكتابية بشكل واضح. كما جاءت متفقة أيضا مع دراسة الصوص (2003) ، ودراسة كل من كيزيكوسكي Carol, Kieczykowski (1996)، ودراسة لي شانج ماو (Liu Chang Mao 1993) الذين أكدوا أهمية استخدام الوسائط التعليمية ، ودورها الفعال في التدريب على مهارات الكتابة.

وأظهرت نتائج الدراسة عدم وجود فروق ذات دلالة إحصائية بين متوسطات علامات طلبة الصف الرابع الأساسي في اختبار الكتابة البعدي تعزى إلى أثر التفاعل بين نوع البرنامج والجنس، وهذا يعني أنه لا يوجد تفاعل بين متغيري (نوع البرنامج والجنس) .وهذا يدل على أن المادة التعليمية القائمة على استخدم الوسائط المتعددة لتنمية مهارات الكتابة لم تكن متحيزة لأي من الجنسين.

وقد يكون مرد ذلك إلى أن البرنامج التعليمي المقترح كان يسير ضمن خطوات معرفية تراكمية ، تعمل على زيادة الثروة اللغوية لدى الطلبة ، وزيادة المهارات الكتابية لديهم، هذا زيادة على استخدام بعض النشاطات العلاجية لبعض الطلبة ، مما يضمن مستوى مريحا في التعلم. وذلك عن طريق دليل المعلم ، فقد جاء هذا الدليل ليكون بمثابة خطوط استرشادية داخل غرفة الصف.

وكذلك يوفر البرنامج التعليمي شعورا لدى الطلبة بالمتعة والسرور والبهجة، فالكتابة يجب أن تؤدي وظيفة الإمتاع وتحقق الراحة النفسية انطلاقا من النظريات التربوية التي أكدت ضرورة أن يكون التعلم عملية ممتعة للطالب، وأن يخرج الطالب بمواقف التعلم بخبرات سارة.

وتتفق هذه الدراسة مع دراسة العثمان (1999) ، الخمايسة (2003)، ودراسة الصوص (2004) ، وتعني هذه النتيجة، أن أثر المعالجة في المتغير التابع، لا يتأثر بالجنس.

وتختلف نتائج هذه الدراسة مع نتائج دراسة شناق (2000) ، ودراسة الطيطي (2000).

المراجع

المراجع العربية

1. القرآن الكريم .

2. إبراهيم، عبد الستار (2000). **الإبداع : قضاياه وتطبيقاته.** القاهرة: مكتبة الأنجلو المصرية.

3. ابن جني، أبو الفتح عثمان (1952).**الخصائص.** ط2، تحقيق محمد علي النجار بيروت. دار الهدى للطباعة.

4. أبو حجلة، أميرة (1985). **في مسرح الكبار والصغار.** الطبعة الأولى، عمان: الأردن ، الدار العربية للنشر والتوزيع.

5. أبو حرب ، يحيى (1990). أثر التمثيل الحركي للنصوص اللغوية في قدرات التعبير الشفوي لدى طلبة الثاني الابتدائي في الأردن، رسالة ماجستير غير منشورة، عمان : الأردن.

6. أبو خليل، زهدي ونبيل، خليل أبو حلتم (1995). **المرشد في كتابة الإنشاء لطلاب المرحلتين الإعدادية والثانوية. ط2.** الأردن: دار أسامة للنشر.

7. أبو رزق ، ابتهال (1999). أثر برنامج مقترح لتنمية مهارات التعبير الكتابي في اللغة العربية لدى طلبة الصف العاشر الأساسي في الأردن، رسالة ماجستير غير منشورة، الجامعة الأردنية: عمان، الأردن.

8. أبو معال، عبد الفتاح (1996). **تنمية الاستعداد اللغوي عند الأطفال.** عمان: الأردن، دار الشروق للنشر والتوزيع.

9. أبو مغلي، سميح(1986). **الأساليب الحديثة لتدريس اللغة العربية.** ط2، عمان: الأردن، مجدلاوي للنشر والتوزيع.

10. أحبدو، ميلود (1989). سبل تطوير المناهج التعليمية. نموذج تدريس الإنشاء،أطروحة دكتوراه منشورة، جامعة الدولة بغاند، بلجيكا، الطبعة الأولى (1993): الرباط. دار الأمان.

11. أحمد ، محمد عبد القادر (1983). **طرق تعلم اللغة العربية .** ط1، القاهرة: مكتبة النهضة المصرية.

12. استيتية، محمد والرزاق، آمنة ونصر حمدان علي(1995). **مناهج اللغة العربية وطرق تدريسها.** وزارة التربية والتعليم في الجمهورية اليمنية، قطاع التدريب والتأهيل.

13. أنيس ، إبراهيم و منتصر،عبد الحليم ،الصوالحي، عطية وأحمد ، محمد خلف الله   (1973). **المعجم الوسيط.** ط2، القاهرة : مجمع اللغة العربية.

14. البجة، عبد الفتاح (2001). **أصول تدريس العربية النظرية والممارسة.** ط3، عمان : الأردن ، دار الفكر للطباعة والنشر والتوزيع.

15. بوراس، خليفة مهدي (1986). أثر الإنشاء الحر والإنشاء المسير في أداء تلامذة الصف الأخير في المدارس الثانوية الليبية، **المجلة العربية للبحوث التربيوية**، مجلد 8، العدد2 ، تونس 1988.

16. بوريني ، عبد العزيز محمد (1995). معلم الصف وأسلوب التكامل والترابط بين الموضوعات المختلفة . **رسالة المعلم** ، مجلد 36 العدد 3، ص ص 67-72.

17. بياجيه، جان (1954) . **اللغة والفكر عند الطفل** . ترجمة أحمد راجح، القاهرة: مصر، مكتبة النهضة المصرية.

18. جابر، جابر عبد الحميد (1991). **الطرق الخاصة بتدريس اللغة العربية وأداب الأطفال.** ط2، القاهرة : مكتبة النهضة المصرية.

19. جامعة أم القرى (1995). الرصد اللغوي العربي لتلاميذ الصفين الخامس والسادس بالمرحلة الابتدائية في المملكة العربية السعودية. **مجلة مركز البحوث التربوية:** مكة المكرمة.

20. الجعافرة، عبد السلام (2004). أثر برنامج تدريبي مقترح لتحسين مستوى أداء طلبة الصف العاشر الاساسي في الأردن في الكتابة الوظيفية في اللغة العربية ، أطروحة دكتوراه غير منشورة، جامعة عمان العربية للدراسات العليا : عمان، الأردن.

21. جعفر، نوري (1991) . **اللغة والفكر**، الرباط: المغرب، مكتبة التومي.

22. الحايك، آمنة خالد (2005). بناء نموذج تدريسي- قائم على استخدام الوسائط المتعددة واختبار أثره في تنمية مهارات القراءة الإبداعية لدى طلبة المرحلة الأساسية العليا في الأردن، أطروحة دكتوراه غير منشورة، جامعة عمان العربية للدراسات العليا : الأردن.

23. الحباشنة، يوسف عبد الله سليمان(2006). أثر التدريس باستخدام التعليم الفردي والتعاوني القائمين على استراتيجية الخرائط المفاهمية في التعبير الكتابي واتجاهات طالبات المرحلة الأساسية في الأردن ونحوه، أطروحة دكتوراه غير منشورة ، جامعة عمان العربية للدراسات العليا : الأردن.

24. حبيب الله، محمد (2000). **أسس القراءة وفهم المقروء.** عمان : جمعية عمال المطابع الوطنية.

25. حجاب، محمد منير(2000).**مهارات الاتصال للإعلاميين والتربويين والدعاة**.القاهرة: دار الفجر للنشر والتوزيع.

26. حجازي، سناء محمد (2001). **سيكولوجية الإبداع: تعريفه، تنميته، قياسه لدى الأطفال**. القاهرة : دار الفكر العربي.

27.الحجايا، نائل محمد سليمان (2004). فاعلية برنامج محوسب في تنمية مهارات التذوق الأدبي في اللغة العربية لطلبة المرحلة الأساسية في الأردن، أطروحة دكتوراه غير منشورة ، جامعة عمان العربية : الأردن.

28.الحديد، علي(1992). **في أدب الأطفال**. الطبعة الثالثة ،القاهرة: المطبعة الإنجلو المصرية.

29.حماد، خليل وقورة، ناهض (2004) دور التكنولوجيا في تنمية الاستعداد القرائي لدى رياض الأطفال في محافظات غزة، "بحث مقدم إلى المؤتمر العلمي الرابع : القراءة وتنمية التفكير الذي تعقده **الجمعية المصرية للقراءة والمعرفة**، جمهورية مصر ـ العربية، القاهرة (7-8) يونيو 2004" .

30.الحمداني، موفق (2004). **اللغة وعلم النفس**. جامعة الموصل، مطابع دار الكتب.

31.حمدي، نرجس و عويدات، عبد الله (1996).أثر استخدام استراتيجية التدرب والممارسة في قدرة عينة من الطلبة الصف الثامن الأساسي على ضبط أواخر الكلمات في قطع أدبية مختارة ودرجة استيعابهم لمضمون هذه القطع. **دراسات**، المجلد21 ، العدد الأول ، ص ص 34-99.

32.حموة، بهية غازي (2000). أثر التمثيل الدرامي للنصوص القرائية على الاستيعاب القرائي لطلبة الصف

السـابع الأسـاسي في الأردن. رسـالة ماجسـتير غـير منشـورة ،
الجامعة الأردنية : الأردن.

33. خاطر، محمود رشدي وعبد الموجود ، محمد وشحاته ، حسـن
(1984).الاتجاهات الحديثـة في تعليم اللغـة العربيـة والتربيـة
الدينية . القاهرة : مصر .

34. خاطر، محمود والحمادي ، يوسف وعبد الموجود ، محمـد
وطعيمة ، رشدي وشحاته،حسن (1986). طرق تـدريس اللغـة
العربية والتربية الدينيـة في ضوء الاتجاهـات الحديثة . ط 3،
القاهرة : مصر.

35. الخمايسة ، إياد محمد خير(2003). بناء برنامج تعليمي مقترح
لتنميـة مهـارات التعبـير الكتـابي لـدى طلبـة الصف السـادس
الأسـاسي في المـدارس العامـة في الأردن، أطروحـة دكتـوراه غـير
منشورة، جامعة عمان العربية للدراسات العليا: الأردن.

36. خمايسة ، محمد خير إبراهيم(1988). أثر تزويد تلاميذ الصف
الثالث الإعدادي بمهارات التعبير الكتـابي في قدراتهم التعبيريـة
الكتابية، رسالة ماجستير غير منشورة، جامعة اليرمـوك: إربـد ،
الأردن.

37.دروزة (2000). النظرية في التـدريس وترجمتها عمليا. ط1 ،
عمان : دار الشروق.

38. الذيابات ، محمد (2001) .أثر طريقة التعليم التعاوني في تنمية مهارات القراءة الإبداعية عند طلبة الصف العاشر الأساسي، رسالة ماجستير غي منشورة، جامعة اليرموك: إربد ، الأردن.

39. الزعبي، محمد محمود صالح(2000). تقويم الاستجابات اللغوي الشفوي الموقفية لدى طلبة الصفين السابع والعاشر الأساسيين في مدارس تربية لواء الرمثا، رسالة ماجستير غير منشورة، جامعة اليرموك: إربد،الأردن.

40. زهران، حامد عبد السلام (1982). **علم نفس النمو**. ط4، القاهرة :عالم الكتب.

41. سلامة، عبد الحافظ (2000) . **الوسائل التعليمية والمنهج**. ط1، عمان : الأردن، دار الفكر للطباعة والنشر والتوزيع .

42. سلد، بيتر (1981). **مقدمة في دراما الطفل**. ترجمة كمال زاخر لطيف، الإسكندرية: دار المعارف.

43. سلد، بيتر ونيكسون، جون(1997). **دراما الطفل نظريا وعلميا**. ترجمة كمال زاخر، الإسكندرية : دار المعارف .

44. سمارة، عزيز والنمر، عصام والحسن، هشام(1993). **سيكولوجية الطفولة**. عمان : الأردن، دار الفكر للنشر والتوزيع.

45. سمك ، محمد صالح (1998). فن التدريس للتربية اللغوية وانطباعاتها المسلكية وأنماطها العلمية. القاهرة: دار الفكر العربي .

46. السيد ، محمود أحمد (1980).في طرائق تدريس اللغة العربية . ط1، بيروت ، لبنان: دار العودة.

47. السيد ، محمود أحمد (1988). تعليم اللغة العربية بين الواقع والطموح. ط 1 ، دمشق ، سوريا: دار طلاس.

48. السيد ، محمود أحمد (1996). في طرائق تدريس اللغة العربية . سوريا: منشورات جامعة دمشق.

49. شحاتة، حسن (1992). أساسيات التدريس الفعال في العالم العربي. القاهرة: الدارالمصرية البنانية .

50. شحاتة، حسن (2000) . تعليم اللغة العربية بين النظرية والتطبيق. ط4، الدار المصرية اللبنانية.

51. شناق، رابع عارف(2000) . دراسة تجريبية لأثر التكامل اللغوي على التعبير الكتابي لدى طالبات الصف الأول الثانوي في مدرسة عين جالوت الثانوية الشاملة للبنات ، رسالة ماجستير غير منشورة، جامعة اليرموك: إربد، الأردن.

52. صالح، نزهة (2001). أثر استخدام البرنامج المتعدد الوسائط في التحصيل الفوري والمؤجل لطلبة الصف التاسع

الأساسي في قواعد اللغة العربية،رسالة ماجستير غير منشورة ، الجامعة الأردنية: عمان، الأردن.

53. صميلي، يوسف (1988). **اللغة العربية وطرق التدريس نظرية وتطبيق**. بيروت: المكتبة العصرية.

54. الصوص، سمير(2003). أثر برنامج تعليمي مدار بالحاسوب في تطوير مهارة الكتابة الإبداعية في اللغة الربية لدى طلبة الصف التاسع الأساسي، أطروحة دكتوراه غير منشورة ، جامعة عمان للدراسات العليا : عمان، الأردن.

55. الصويركي، محمد علي (2004). أثر برنامج قائم على الألعاب اللغوية في تنمية الأنماط اللغوية ومهارات التعبير الشفوي لدى طلاب الصف الرابع الأساسي في الأردن، أطروحة دكتوراه غير منشورة ، جامعة عمان العربية للدراسات العليا : الأردن.

56. طعيمة، رشدي ومناع، محمد (2000). **تدريس العربية في التعليم العام نظريات وتجارب**. ط1، القاهرة : دار الفكر العربي.

57. الطواب ، سيد محمود (1986). أثر اللعب التمثيلي في النمو اللغوي لدى أطفال الحضانة. **حولية كلية التربية**، الإمارات، العدد1، ص ص 45- 56.

58.الطوالبة ، محمد (2003). خير جليس في هذا الزمن حاسوب أدوار متغيرة للمتعلمين والطلبة وأولياء الأمور، **رسالة المعلم**، المجلد 42، العدد الأول، ص ص 20-22.

59.الطورة ، هارون محمد (2004) . تصميم برنامج مبني على التدريس باللعب الدرامي وأثره في تطوير مهارات التعبير الشفوي لدى طلبة الحلقة الأولى من مرحلة التعليم الأساسي في الأردن ، أطروحة دكتوراه غير منشورة ، جامعة عمان العربية للدراسات العليا : الأردن.

60.الطيطي ، رياض محمد (2000).أثر برنامج تعليمي مقترح في تنمية مهارات التعبير الشفوي لدى طلاب الصف العاشر الأساسي ، رسالة ماجستير غير منشورة ، جامعة اليرموك: الأردن.

61.ظافر، محمد أسماعيل والحمادي، يوسف(2001). **التدريس في اللغة العربية**. الرياض : دار المريخ.

62.عبد الحق، زهرية إبراهيم (2003). فاعلية استخدام منحنى الوسائط المتعددة المتكامل المستند إلى تكنولوجيا المعلومات على تحصيل الطلبة واتجاهاتهم نحوه في كليات المجتمع في الأردن ، أطروحة دكتوراه غير منشورة، جامعة عمان العربية للدراسات العليا: عمان، الأردن.

63. عبد المولى، طه غانم (1985). تنمية التعبير الكتابي الوظيفي لدى تلاميذ المرحلة الإعدادية في الجمهورية اليمنية، رسالة ماجستير غير منشورة ، جامعة عين شمس: مصر.

64. العثمان، بسام(1999). مدى امتلاك طلبة الصف العاشر الأساسي لمهارات التعبير الكتابي في مديرية التربية والتعليم لقصبة المفرق، رسالة ماجستير غير منشورة، جامعة اليرموك: إربد، الأردن.

65. العجارمة، أحمد موسى (2006) . مقارنة فاعلية استراتيجية التعلم التعاوني والعصف الذهني في تنمية مهارات التعبير الشفوي لدى طلبة الصف العاشر الأساسي واتجاهاتهم نحوه، أطروحة دكتوراه غير منشورة ، جامعة عمان العربية للدراسات العليا: عمان، الأردن.

66. عدس، عبد الرحمن وقطامي، يوسف (2003) . **علم النفس التربوي النظرية والتطبيق الأساسي.** عمان : دار الفكر.

67. عزمي، نبيل جاد (2001) . **التصميم التعليمي للوسائط المتعددة.** ط1، المينيا، مصر: دار الهوى للنشر والتوزيع .

68. عصر، حسني عبد الباري(1999). **مدخل تعليم التفكير وإثراؤه في المنهج المدرسي.** الإسكندرية، مصر، المكتب العربي الحديث.

69. عصر، حسني عبد الباري(1997). **تعليم اللغة العربية في المرحلة الابتدائية**.القاهرة: دار نشر الثقافة.

70. العكش، إبراهيم (1978). دراسة تحليلية ميدانية لطلاب الصف الثالث الابتدائي الذين لا يستطيعون القراءة والكتابة . **رسالة المعلم**. وزارة التربية والتعليم الأردنية. العدد الثالث.

71. عليان، أحمد واللحام، دلال وحسونة، ذيب والقاسم، وجيه(1995). مدى إتقان الطلبة في مديرية تربية عمان الثانية لمهارات اللغة العربية. **رسالة المعلم**، عدد(3)، مجلد (36)، أيلول.

72. عمورة، عدنان و القمحة، ريما (1999). استخدام البرمجيات التعليمية لتدريس المناهج والرياضة الجامعية ، **المعلوماتية**، (76) شباط: 68-74.

73. عودة، أحمد (1993). **القياس والتقويم في العملية التدرسية**. ط2، إربد: دار الأمل.

74. عودة، أحمد وملكاوي، فتحي (1992). **أساليب البحث العلمي في التربية والعلوم الإنسانية**. إربد : مكتبة الكتاني.

75. العيسوي، جمال مصطفى وموسى،محمد محمود(2003). مدى تمكن طالبات كلية التربية - جامعة الإمارات العربية المتحدة - من بعض مهارات الاتصال

اللغوي الشفهي. **مجلة القراءة والمعرفة**، العدد28، ص ص 20-72.

76.الغول ، يوسف (1997). أثر استخدام الدراما كأسلوب تدريس في اكتساب طلبة الصف العاشر الأساسي لبعض مفاهيم التربية الفنية والاحتفاظ به. رسالة ماجستير غير منشورة، جامعة اليرموك: الأردن.

77.الفار، إبراهيم (2000). **استخدام الحاسوب في التعليم**. الأردن: دار الفكر للطباعة والنشر.

78.الفار، إبراهيم (2000). **تربويات الحاسوب وتحديات مطلع القرن الحادي والعشرين**. العين، الإمارات: دار الكتاب الجامعي.

79.الفراء، عبد الله (1999). **المدخل إلى تكنولوجيا التعليم**. عمان، الأردن: دار الثقافة للنشر والتوزيع.

80.الفريق الوطني لمبحث اللغة العربية (1991). **منهاج اللغة العربية وخطوطه العريضة في مرحلة التعليم الأساسي**. ط1، وزارة التربية والتعليم ، عمان ، الأردن .

81.الفريق الوطني لمبحث اللغة العربية (2005). **الإطار العام، نتاجات اللغة العربية العامة والخاصة** . ط1، وزارة التربية والتعليم، عمان ، الأردن.

82. قطامي ، نايفة وبرهوم، محمد (1997). **طرق تدريس الطفل** . عمان ، الأردن : دار الشروق للنشر والتوزيع .

83. قطـامي، نايفـة و قطـامي، يوسـف (1998). **اسـتراتيجيات التدريس** .عمان: دار عمار.

84. قطامي، يوسف(1998). **سيكولوجية التعلم والتعليم الصفي.** ط1، الأردن: دار الشروق للنشر والتوزيع.

85. القطاونة، سـامي(2004) . بنـاء برنـامج تعليمـي محوسـب في القراءة الناقدة لطلاب الصف العاشر الأساسي في الأردن وقيـاس فاعليته في القراءة واتجاهاتهم نحوهـا، أطروحـة دكتـوراه غـير منشورة ، جامعة عمان للدراسات العليا : الأردن.

86. قمبر، محمود (1997). افتتاحية العدد الخامس عشرـ ، **حوليـة كلية التربية** / جامعة قطر : 15: 5-8.

87. الكاتـب ، حيـاة(2003). **تبـادل اللغـة مـا بـين متكلمـي اللغـة الإنجليزية بين الشـباب.** الجامعـة العربيـة المفتوحـة : بـيروت، لبنان .

88. الكلباني ، زوينة بنت سعيد (1997) . تقـويم مهـارات التعبـير الشفوي لدى تلميذات المرحلة الإعدادية ، رسالة ماجستير غـير منشورة ، كلية التربية والعلوم الإسلامية :عمان، الأردن.

89.الكندري، عبد الله وصلاح ، سمير (2004) . **تعليم القراءة وتنمية التفكير** . الكويت: دار العلم للنشر والتوزيع.

90.الكندري، عبد الله عبد الرحمن وعطا، إبراهيم محمد. (1996). تعليم اللغة العربية للمرحلة الابتدائية ، الإمارات العربية المتحدة : مكتبة الفلاح.

91.لطفي، محمد قدري (1986). معلم التربية الإسلامية واللغة العربية تصور مقترح لتدريبه وتنمية مهاراته، **المنظمة العربية للتربية والثقافة والعلوم،** تونس.

92.مجاور ، محمد صالح الدين (1974). **دراسة تجريبية لتحديد المهارات اللغوية في فروع اللغة العربية** . ط 1، الكويت : دار العلم.

93.مجاور ، محمد صالح الدين (1976) .**تدريس اللغة العربية بالمرحلة الابتدائية أسسه وتطبيقاته** . الكويت : دار العلم.

94.مجاور ، محمد صالح الدين (1983). **تدريس اللغة العربية في المراحل الابتدائية ,أسسه وتطبيقاته** . الكويت : دار العلم.

95.المحافظة، محمد (1979). المستوى التحصيلي لطلاب المرحلة الابتدائية في المفرق. **رسالة المعلم**، العدد الثاني، السنة الثانية والعشرون، حزيران.

96.مدكور ، علي أحمد (1988) . تـدريس التعبير بـين موضـوعات السائدة والوظيفية . **المجلة العربية للبحوث التربوية الحديثة** ، المجلد 8 ، العدد24، ص ص 34-65.

97.مـدكور ، عـلي أحمـد (2000). **تـدريس فنـون اللغـة العربيـة.** القاهرة : دار الفكر العربي.

98.مطالقـة، سـوزان (1998). أثـر أسـلوب العصـف الـذهني في التفكير الإبداعي لدى طلبة الصـف الثامن والتاسـع الأسـاسي، رسالة ماجستير غير منشورة، جامعة اليرموك: الأردن، إربد.

99.المعتوق ، أحمد محمد (1996). الحصيلة اللغويـة . أهميتها- مصادرها- وسـائل تنميتها. **عـالم المعرفـة**، الكويـت، المجلس الوطني للثقافة والفنون والآداب.

100. مقلـد، محمـد محمـود (1989). مشـكلات ضـعف الطلاب في التعبير (تشخيص وعلاج). **رسالة التربية**، عدد7، ص ص 125-147.

101. الملاحـي، آمنـة نـاصر عـاصي (2001). مـدى امـتلاك الطلبة غير الناطقين بالعربية لمهارات التعبير الكتابي في جامعـة آل البيت ، رسالة ماجستير غير منشورة ، جامعة آل البيت.

102. مونرو ، ماريون (1983). **تنمية وعي القراءة.** ترجمـة سامي ناشد،، بيروت: المكتبة الأموية.

103. الناقة ، محمود كامل ويونس ، فتحي علي ومدكور ، علي أحمد (1982). **أساسيات تعليم اللغة العربية والتربية الدينية** . القاهرة : دار الثقافة للطباعة والنشر.

104. نجار، حسين (1996). فاعلية برنامج الكورت في تعليم التذكر لطلبة الصف العاشر ، رسالة ماجستير غير منشورة، عمان: الجامعة الأردنية.

105. نصر، حمدان علي(1998). أثر استخدام نشاطات كتابية وشفاهية مصاحبة لدورس المطالعة والنصوص على تنمية بعض مهارات القراءة الناقدة . **مجلة مؤتة للبحوث والدراسات، سلسلة العلوم الإنسانية والاجتماعية** ، المجلد 13(1) ص ص103-133.

106. نصر ، حمدان(1999). آراء طلبة الصف الثاني الثانوي في الأردن حول توظيف عمليات الإنشاء في مواقف الكتابة التعبيرية ، مجلة جامعة دمشق للآداب والعلوم الإنسانية والتربوية ، ط 15، عدد1، ص 223-277.

107. نصر حمدان علي والعبادي ، حامد (2005). أثر استراتيجية لعب الدوار في تنمية مهارة الكلام لدى طلبة الصف الثالث الأساسي، **المجلة الأردنية في العلوم التربوية**، المجلد (1) العدد (1).

108. نصر حمدان علي(1990). تطوير مهارات القراءة للدراسة لدى طلبة المرحلة الثانوية في الأردن، أطروحة

دكتوراه غير منشورة، كلية التربية، جامعة عين شمس: القاهرة.

109.   نصر، حمدان علي(1995). تقويم مستويات الكتابة التعبيرية لدى تلاميذ نهاية الحلقة الأولى من المرحلة الأساسية بالأردن. **مجلة مركز البحوث التربوية بجامعة قطر**، السنة الرابعة: العدد السابع، ص 199-235.

110.   الهاشمي، عبد الرحمن عبد علي (1994). أثر أساليب التصحيح في الأداء التعبيري لطالبات المرحلة الإعدادية ، أطروحة دكتوراه غير منشورة ، جامعة بغداد: بغداد ، العراق.

111.   والي، فاضل وفتحي، محمد (1998). **تدريس اللغة العربية في المرحلة الابتدائية ، طرقه وأساليبه وقضاياه**، المملكة العربية السعودية، دار الأندلس للنشر والتوزيع.

112.   وزارة التربية والتعليم (1994). **مناهج اللغة العربية وخطوطه العريضة في مرحلة التعليم الأساسي**. المديرية العامة للمناهج وتقنيات التعليم.

113.   وزارة التربية والتعليم (2005) . **الإطار العام للمناهج والتقويم** ، إدارة المناهج والكتب المدرسية.

114.   وزارة التربية والتعليم (2005). **لغتنا العربية للصف الرابع الأساسي**، عمان، إدارة المناهج والكتب المدرسية.

115. الـوقفي، راضي وآخـرون (2000). **تقيـيم الصـعوبات التعليمية** . الطبعة الأولى ، كلية الأميرة ثروت، عمان :الأردن.

116. ويـن، مـاري.(1999). الأطفـال والإدمـان التلفزيـوني. ترجمـة عبـد الفتـاح الصـبيحي، **عـالم المعرفـة** - العـدد 247. المجلس الوطني للثقافة والفنون والآداب، الكويت.

117. يوسـف، جمعـة سـيد.(1990) . **سـيكولوجية اللغـة والمـرض العقـلي** . المجلـس الـوطني للثقافـة والفنـون والأدب، الكويت.

118. يونس ، فتحي علي والكندري ، عبد اللـه عبد الـرحمن (1998) . **اللغة العربية للمبتدئين** . ط3، منشورات الكويت .

المراجع الأجنبية

1. Abraham, L.B.(2001).the Effects of multimedia on Second Language Vocabulary Learning and Reading Comprehension . **Dissertation Abstract International** . A. vol (62)2.p.535.

2. AL- Jabali, M.A.(1996).**The Role Of Using Role And Play And Pictures In Developing The Speaking Skills Of Tenth- Graders In Irbid District** . M.A Thesis ,Yarmouk University, Jordan- Irbid.

3. Applebee, A.N; Longer, J.A. Jankins, L.B, Mullias, I.S. Foertsch, M.A.(1990). Leering to Write in our Nations schools Achievement in 1988 at; Instructions and Grades 4.8 and 12, Princeton. N.J. **Educational Testing Service**.

4. Alex, Z.H. (1995).**Oral Language in Development**, : Across The Curriculum ERIC 389029.

5. Anderson,P.S.(1987).**Language skills in Elementary Education** , New York Macmillan Publishing company.

6. Barchers , Suzanne (1994). **Teaching Language Arts West** . Publishing company.

7. Baron,R.(1998).**psychology** ,Boston, Allyn and Bacon.

8. Burns, A., and Joyce H. (1997). Focus on Speaking . **Sydney: National Center for English Language** . *Teaching and Research.*

9. Byrne, M.D . Catrambone, R, & Stasko, J.T (1999). Evaluating animation as student aids in Learning Computer algorithms . **Computers and Education**, 33(4), 253- 278.

10. Cotton, K. (1997). **Computer – Assisted Instruction** . School Improvement Research Series.

11. Duzer , Van C. (1997). **Improving ESL.Learner s Listening Skills : At the Work place and beyond. Washington** , DC: Project in Adult Immigrant Educational and National Center for ESL Literacy Education.

12. Defoe, Marguerite- corbitt . (2000). **Using Directed Writing Strategies To Teach students writing skills in middle grades language Arts. http:/orders. Eds. Com /members/sp. Cfm?an=ED4444186.**

13. Eleen, L, Judith, L& Marcia. C. (1993). The Effect of Computer Simulation on Introductory Thermodymics Under Standing **Educational Technology** , 33 (1): 45-58.

14. Halimah, Ahmad.(1991). EST Rhetorically Processed And Produced: Acase Study of Kuwaiti Learners Ph. D .**Dissertation,** University of Essex.

15. Hedge, Tricia. (1993). **Writing,** Oxford University Press, New York. Joan, G.Carson. (1997). **Reading For Writing; Cognitive of Coopectives.** Georgia State University.

16. Hermann, M. (1995). **On the Effect of Multimedia Computer Program Gains Made by Children With Autism in Reading Motivation , and communication Skills**, http: //bubaline nisc com/ scripts / login. D11.

17. Kieczykowski- Carol, Primary writers Workshop: Developing process writing skills, **Descriptive Note** , U. S. A, New jersey, 1996

18. Johnson, Roger and Johnson, David (2001). **Cooperative Learning in Culturally diverse classrooms** . www cicrc. Com/ pages/ cl. And D. html.

19. Knight, E.H. (2001). THE Effect of Multimedia on Recall by Native American Learners with and Without Reading Difficulty, **Dissertation Abstract International** . order no: AAC 3011567. Avon. (51) 4,p. B84.

20. Lerew, Emma Licano.(1998).The use of Computers to improve Writing skills among Low- achieving Hispanic students. **Dissertation Abstracts International**- A59/01.p141.AAC9820604.

21. Menzel , K. E (1994). The Relationship Between Preparation and Performance In public Speaking , **Communication Education**, Vol. 43, Januray.

22. Mao- Liu Chang Helping students prepare psychologically to write in English , **English teaching forum** , Vol.XXIX, NO. 4, 1991.

23. Nikolova, O.R.(2002). Effects of students Participation in Authoring of multimedia Materiel's on student Acquisition of Vocabulary **Language Learning & Technology** . 6,100- 122.

24. Nix, Carole. (1999). The impact of e-mail USA on fourth graders writing skills . **Dissertation Abstracts International**- A60/03, p726.AAC9921889.

25. Nunan , D. (1991). **Language Teaching Methodology** Prentice Hall.

26. Papert, S.(1980). **Mindstorms Children Computer and Powerful** Ialeas. Brighton: Harvester press.

27. Schunk, D. (2000). **Learning Theories**. New Jercy, Mervil.

28. Spanos, Anthony. (1992**). Discovery Writing : How to Explore it, Mopit and Cultivate it Welly** ,   Hispania 73 , may Hedge.

29. Sktzec Ann Elizabeth , writing skills Assessment: A campus wide Approach , **Reports**, U.S.A, New York, 1985.

30. Thompson, Barbara Kay .(2000). The Effects of prewriting and teacher instruction in prewriting Strategies on the quality of writing by fifth –and Sixth- Grade Students. **Dissertation Abstracts International**- A60/08.p2840.AAC9942825.

31. Tiedt, W.Sand Tiedt M. (1978). **Language Arts Activities for the class room**. ALLyn and Bacon: Boston.

32. Otto, Wine & Chester, D. (1986). **Objective Based in Reading** – Wesley published Company.

33. Warschauer, M.(1996**). Computer- Assisted Language Learning: An Introduction**. http:// www. Gse. Use/ markw/ call. Html.

34. Zamel, Vivian (1992). **Writing Ones Whatnot Reading** TESOL Quarterly, 26 (3)Autumn.

35. Zhang, Hong and Alex, Koethner. (1995). **Oral Language Development across the curriculum**, K- 12, ERIC Digest,1-11.

فهرس المحتويات

الفصل الأول

الفصل الثاني

الفصل الثالث

الطريقة والإجراءات

Printed in the United States
By Bookmasters